新能源汽车系列教材·微课版

新能源汽车电机及电机控制系统原理与检修

主编 赵振宁 赵 宇

全书配套资源

北京理工大学出版社
BEIJING INSTITUTE OF TECHNOLOGY PRESS

内 容 简 介

《新能源汽车电机及电机控制系统原理与检修》是针对新能源电动汽车而编写的，主要内容包括新能源汽车"三纵"（混合动力电动汽车、纯电动汽车和燃料电池汽车）中混合动力电动汽车和纯电动汽车电机及电机控制系统的相关知识。因燃料电池汽车尚未在国内产业化，故本书未涉及。

本书共分九章，第一章为新能源汽车发展史；第二章为电力电子变换，讲解了电力电子开关及驱动；第三章为电动汽车电机，讲解了交流异步和永磁同步电机；第四章为电机控制传感器，讲解了旋转变压器和电流传感器的原理；第五章为电动汽车变频器，讲解了通用变频器原理；第六章为典型纯电动汽车变频器，讲解了吉利EV300、比亚迪E6等新能源汽车的变频器原理；第七章为典型混合动力汽车变频器，讲解了丰田普锐斯汽车的变频器；第八章为典型纯电动汽车冷却系统诊断；第九章为典型电动汽车空调电机变频器，讲解了内置压缩机内部的变频器。

本书可作为高等学校新能源汽车技术、汽车检测与维修、汽车电子技术、汽车试验技术等汽车专业教材，也可供从事本专业工作的工程技术人员参考。

版权专有　侵权必究

图书在版编目（CIP）数据

新能源汽车电机及电机控制系统原理与检修/赵振宁，赵宇主编．—北京：北京理工大学出版社，2019.11（2024.8 重印）
　ISBN 978 – 7 – 5682 – 7911 – 6

Ⅰ.①新… Ⅱ.①赵… ②赵… Ⅲ.①新能源 – 汽车 – 驱动机构 – 控制系统 – 系统理论 ②新能源 – 汽车 – 驱动机构 – 控制系统 – 车辆检修　Ⅳ.①U469.703

中国版本图书馆 CIP 数据核字（2019）第 251254 号

责任编辑：多海鹏	**文案编辑**：多海鹏	
责任校对：周瑞红	**责任印制**：李志强	

出版发行	/	北京理工大学出版社有限责任公司
社　　址	/	北京市丰台区四合庄路 6 号
邮　　编	/	100070
电　　话	/	（010）68914026（教材售后服务热线）
		（010）68944437（课件资源服务热线）
网　　址	/	http：//www.bitpress.com.cn

版 印 次	/	2024 年 8 月第 1 版第 4 次印刷
印　　刷	/	三河市天利华印刷装订有限公司
开　　本	/	787 mm×1092 mm　1/16
印　　张	/	10.75
字　　数	/	347 千字
定　　价	/	39.80 元

图书出现印装质量问题，请拨打售后服务热线，负责调换

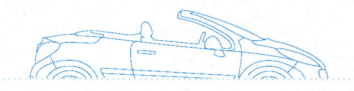

前言
PREFACE

　　如果说汽车发动机电控化是汽车产业的第二次技术革命，那么电动汽车（包括纯电动汽车、混合动力汽车和燃料电池汽车）技术将是汽车产业的第三次技术革命，这场革命必将引起汽车产业结构的调整，使其在汽车研发、汽车生产和汽车售后服务等方面都会发生很大的变化。

　　为了使现代职业教育跟上汽车生产和售后服务快捷发展的步伐，我们在纯电动汽车和混合动力汽车的基础上开发了《新能源汽车电机及电机控制系统原理与检修》这本适应新形势的教材。本书主要介绍了新能源汽车"三纵"（混合动力汽车、纯电动汽车、燃料电池汽车）中混合动力汽车和纯电动汽车的电机控制系统的相关知识。因燃料电池汽车尚未在国内商品化，故本书未涉及。同时，本书通过二维码提供教学资源，方便学生下载学习。另外，本书提供针对理论和实践进行任务驱动教学的任务驱动工单，既有利于学生巩固所学的理论知识，也可对实训项目进行有针对性的训练。

　　本书共分九章，第一章为新能源汽车发展史；第二章为电力电子变换，讲解了电力电子开关及驱动；第三章为电动汽车电机，讲解了交流异步和同磁同步电机；第四章为电机控制传感器，讲解了旋转变压器和电流传感器的原理；第五章为电动汽车变频器，讲解了通用变频器的原理；第六章为典型纯电动汽车变频器，讲解了吉利EV300、比亚迪E6等新能源汽车的变频器原理；第七章为典型混合动力汽车变频器，讲解了丰田普锐斯汽车的变频器；第八章为典型纯电动汽车冷却系统诊断；第九章为典型电动汽车空调电机变频器，讲解了内置压缩机内部的变频器。

　　本书由长春汽车工业高等专科学校教师赵振宁、赵宇任主编，赵振宁编写了第一至五章的内容，赵宇编写了第六至第九章的内容。由于编者水平有限，书中难免存在瑕疵，希望各位读者批评指正。

　　本书可作为高职高专学校新能源汽车技术、汽车检测与维修、汽车电子技术、汽车试验技术等专业的教材，也可供从事相关专业工作的工程技术人员参考。

　　本套教材由"百慕大汽车：bmdcar.com"提供全套作者讲解视频和后台制作的资源。

赵振宁

第一章　新能源汽车发展史 …………………………………………（001）

第一节　纯电动汽车发展史 …………………………………………（001）
第二节　混合动力汽车发展史 ………………………………………（003）
第三节　燃料电池汽车发展史 ………………………………………（007）

第二章　电力电子变换 …………………………………………（021）

第一节　概述 …………………………………………………………（021）
第二节　GTR …………………………………………………………（022）
第三节　P‑MOSFET …………………………………………………（023）
第四节　IGBT …………………………………………………………（024）
第五节　IPM …………………………………………………………（026）
第六节　IGBT 栅极驱动 ……………………………………………（027）
第七节　IGBT 栅极驱动隔离 ………………………………………（030）
第八节　IGBT 保护电路 ……………………………………………（032）
第九节　IPM 的保护与驱动 …………………………………………（035）
第十节　IGBT 的使用和检查 ………………………………………（038）

第三章　电动汽车电机 …………………………………………（041）

第一节　简单直流电机 ………………………………………………（041）
第二节　永磁直流同步无刷电机 ……………………………………（043）
第三节　电动汽车感应电机 …………………………………………（045）
第四节　电动汽车电机铭牌 …………………………………………（047）
第五节　电机种类及电动汽车对电机的要求 ………………………（050）

第四章　电机控制传感器 ………………………………………（052）

第一节　电机转子磁极定位 …………………………………………（052）
第二节　电机转子位置传感器 ………………………………………（053）
第三节　电机相电流传感器 …………………………………………（055）

第五章　电动汽车变频器 ……………………………………………（058）
第一节　三相逆变过程 …………………………………………（058）
第二节　汽车变频器 ……………………………………………（061）
第三节　电动和发电过程 ………………………………………（063）
第四节　电动汽车电机控制 ……………………………………（066）

第六章　典型纯电动汽车变频器 ……………………………………（069）
第一节　吉利 EV300 变频器 ……………………………………（069）
第二节　吉利 EV300 变频器诊断 ………………………………（073）
第三节　比亚迪电动汽车变频器 ………………………………（076）
第四节　北汽 EV160 变频器 ……………………………………（086）

第七章　典型混合动力汽车变频器 …………………………………（087）
第一节　第二代丰田普锐斯变频器诊断 ………………………（087）
第二节　第三代丰田普锐斯变频器 ……………………………（103）
第三节　第三代丰田普锐斯变频器自诊断 ……………………（105）

第八章　典型纯电动汽车冷却系统诊断 ……………………………（108）
第一节　吉利 EV300 电动汽车冷却系统 ………………………（108）
第二节　电机和变频器冷却系统 ………………………………（110）

第九章　典型电动汽车空调电机变频器 ……………………………（115）
第一节　普锐斯电动汽车空调压缩机 …………………………（115）
第二节　普锐斯空调变频器 ……………………………………（117）
第三节　普锐斯空调变频器自诊断 ……………………………（122）
第四节　涡旋式压缩机的拆装与绝缘检查 ……………………（124）

理论 + 实训一体工单 …………………………………………………（129）

第一章

新能源汽车发展史

小林是新能源汽车技术专业的学生,参加了新能源汽车的知识竞答比赛,赛中被问及大量的关于新能源汽车发展史的知识,由于小林赛前做了充分地准备,因此对答如流。

(1) 能简要介绍纯电动汽车的发展史。
(2) 能简要介绍混合动力汽车的发展史。
(3) 能简要介绍燃料电池汽车的发展史。

第一节 纯电动汽车发展史

虽然卡尔·奔驰在1886年就发明了以内燃机为动力的汽车,不过纯电动汽车的历史却比内燃机动力汽车的历史更悠久。纯电动汽车的历史可追溯到1834年,那一年托马斯·达文波特制造了第一辆电动三轮车,它由一组不可充电的干电池驱动,只能行驶一小段距离。而第一辆以可充电电池为动力的电动车于1881年在法国巴黎出现,它是法国工程师古斯塔夫·土维装配的以铅酸电池为动力的三轮车,如图1-1所示。

图1-1 古斯塔夫·土维装配的电动三轮车

与19世纪末诞生的内燃机动力汽车相比,纯电动汽车除了车速略低外,还有很多其他方面的优点,如起动方便,电动机在工作时噪声、振动小且没有难闻的汽油味。同时,当直流电动机处于低转速时,它的大扭矩输出特性使汽车不需要复杂的传动系统且操作简便。因此,纯电动汽车成为当时机动交通工具的一个主要发展方向。

19世纪末到20世纪初是纯电动汽车发展的黄金时期。在这期间,法国和英国都出现了纯电动汽车制造公司。1882 年，维尔纳·冯·西门子制造出无轨电车，如图 1-2 所示。1899 年 4 月 29 日，比利时人卡米尔·杰那茨驾驶着一辆名为"快乐"的炮弹外形电动汽车以 105.88 km/h 的速度刷新了当时由内燃机动力汽车保持的世界汽车最高速度的纪录，如图 1-3 所示。这是汽车速度第一次突破 100 km/h 的大关，"快乐"电动汽车保持着这个纪录直到 20 世纪。

图 1-2　1882 年维尔纳·冯·西门子制造的无轨电车　　图 1-3　1899 年卡米尔·杰那茨制造的电动汽车

图 1-4　1913 年爱迪生和一辆电动汽车的合影

大西洋彼岸的美国在汽车的普及上稍晚，但他们也有自己的优势，即在电力技术发展和普及上领先于欧洲各国。发明了电灯、留声机的美国著名科学家托马斯·爱迪生是纯电动汽车的坚定支持者，如图 1-4 所示。1911 年的《纽约时报》这样评论纯电动汽车："它经济，不排放废气，是理想的交通工具"。舆论和名人效应对于纯电动汽车在美国的推广与普及起到了巨大的作用，美国安东尼电气集团、贝克、底特律电气、哥伦比亚和瑞克等纯电动汽车制造公司应运而生。当时，美国不仅拥有数量众多的纯电动轿车和纯电动卡车，而且在 1907 年由该国贝利电气成功开发了最早的纯电动跑车，如图 1-5 所示。1897 年，纽约出现了第一辆电动出租车。与此同时，和纯电动汽车相关的配套服务设施也应运而生，美国汉福德电灯公司为纯电动汽车提供可以更换的电池。底特律电气公司不仅制造纯电动汽车，还建立了电池充电站以方便用户充电，现代电动车需要的那些配套设施在九十多年前就已经建立过。

不过，纯电动汽车的黄金时代并没有持续太久。20 世纪 20 年代后，内燃机技术达到一个新水平，装备内燃机的汽车速度更快，加一次油的续驶里程是电动车的 3 倍左右，且成本更低。相比之下，纯电动汽车的发展进入到瓶颈时期，在降低制造成本和改善使用便利性方面没有明显的进步。在这种背景下，纯电动汽车很快失去了存在的意义。1940 年，纯电动汽车基本上就从欧美汽车市场中消失了。

1973 年，中东石油危机爆发，全世界陷入了石油短缺的困境，人们开始关注其他动力汽车，此时纯电动汽车再一次进入人们的视野。20 世纪 80 年代至 90 年代，日本和美国的汽车厂家生产了一系列纯电动汽车，名气最大的是 1996 年通用汽车公司投产的 EV1 纯电动轿车，如图 1-6 所示。

图 1-5　1911 年的贝克电动跑车　　　　图 1-6　1996 年通用公司的 EV1 纯电动轿车

经过几十年的发展，虽然屡次出现机会，但是直到 21 世纪初期纯电动汽车也没有再现 19 世纪末至 20 世纪初的辉煌。究其根源，乃是纯电动汽车不仅生产成本较高、充电麻烦、保养成本高，而且电池能量密度低导致续驶里程短和充电便利性差，这些弱点严重阻碍了纯电动汽车的普及。

第二节　混合动力汽车发展史

今天的混合动力汽车被视作传统内燃机汽车和未来纯电动汽车的中间形态，但在汽车发展史上，第一辆混合动力汽车却出现在纯电动汽车诞生的近 20 年后。令人惊讶的是，它的工作原理，直到今天仍应用于最新的混合动力汽车甚至是概念车上。

混合动力汽车的历史要追溯到 1900 年，全世界第一辆混合动力汽车"罗尼尔-保时捷"诞生，它的设计者是当时 25 岁的费迪南德·保时捷，这个年轻人后来作为第一代大众甲壳虫的设计师、保时捷品牌的开创者而扬名天下。而 1900 年时，他只是位于维也纳的雅各布·罗尼尔公司的一位雇员，这是他的第一份工作。他所在的公司原本是一家豪华马车制造商，直到 19 世纪末才开始生产电动汽车。

"罗尼尔-保时捷"采用了串联式混合动力驱动，由内燃机为发电机提供能量，由安装在前轮内的两个轮毂为电动机提供驱动力，如图 1-7 所示，其最大功率为 10~14 马力[①]。今天的雪佛兰 Volt 就采用了这种由内燃机驱动发电机的形式，而轮毂式电机驱动则被很多纯电动概念车所使用。"罗尼尔-保时捷"有双座和四座两种车型，也有以蓄电池为能量源的纯电动车型，在此基础上费迪南德还开发出装备 4 个轮毂电机的四驱车型。

---

① 1 马力 = 735 瓦。

图 1-7 保时捷博物馆复原的"罗尼尔-保时捷"

这辆充满灵感的轿车在 1900 年的巴黎世界博览会上大出风头,受到媒体的广泛关注,但并未对它的市场推广有什么帮助。"罗尼尔-保时捷"售价高达 15 000 德国马克,而同期最贵的 8 马力奔驰 Velo 售价才 5 200 德国马克,前者是后者的 2.6 倍。虽然在 20 世纪初也有汽油价格上涨的现象,但受益更多的是早期的纯电动汽车。作为市内交通工具,纯电动汽车曾在 19 世纪末到 20 世纪初风行一时,直到 20 世纪 20 年代,欧美城际公路网逐渐形成,电动汽车"腿短"的缺点才越来越明显(这也是同期蒸汽汽车被淘汰的原因之一),之后渐渐淡出人们的视野。

在混合动力技术的奠基者中,德国工程师、发明家亨利·皮珀是值得被记住的。他在 1902 年发明了并联式混合动力汽车,甚至开发出配套的早期动力管理系统。亨利·皮珀将这一成果授权给一家比利时汽车公司——Auto-Mixed 生产,并在 1906—1912 年推出一系列车型,如 3.5 马力的 Voiturette。在亨利·皮珀去世后,Auto-Mixed 被另一家公司收购。

1915 年,大西洋彼岸的北美大陆上也出现了一家颇具前瞻性的汽车制造商——欧文·麦哥尼茨公司。这家公司专门生产采用串联式混合动力技术的混合动力汽车。在 1915 年的纽约车展上,欧文·麦哥尼茨公司的六缸混合动力汽车首次与公众见面,如图 1-8 所示,由于主顾中包括一些世界闻名的男高音歌唱家,如爱尔兰的约翰·麦考马克和意大利的恩里克·卡鲁索,这个品牌很快就变得广为人知,可以说是早期"明星营销"的成功典范。该公司一直生产到 1921 年,他们的最后一款产品是 Model 60 Touring,如图 1-9 所示。

在同一时期,芝加哥的伍兹汽车公司也生产混合动力汽车。1916 年,伍兹汽车公司宣称他们生产的混合动力汽车的最高速度可以达到 56 km/h,每行驶 100km 耗油 4.9 L。但与内燃机汽车相比,混合动力汽车始终存在价格昂贵和动力偏弱的问题,因此很快被淹没在内燃机汽车的汪洋大海中。以 1913 年的美国市场为例,纯电动汽车加混合动力汽车共销售了 6 000 辆,而采用内燃机的福特 T 型汽车销售了 182 809 辆。从 20 世纪 20 年代开始,混合动力汽车进入一个近 40 年的静默期。

图 1-8　1916 年欧文·麦哥尼茨公司生产的六缸混合动力汽车

图 1-9　1921 年欧文·麦哥尼茨公司生产的 Model 60 Touring

1966 年，美国国会通过的一项议案拂去了电动和混合动力汽车身上的尘埃。为了减轻日益严重的空气污染，这项议案提倡使用电动汽车。1969 年，通用汽车公司推出了他们的应对之策——512 系列混合动力实验车，如图 1-10 所示。GM 512 甚至比微型车还小，只能乘坐 2 人，采用后置后驱布局，并配备了一套并联式混合动力系统，速度在 16 km/h 以内时，由电动机驱动；速度在 16~21 km/h 时，电动机和两缸汽油发动机共同工作；速度在 21 km/h 以上时，汽油机单独提供动力。该车的最高速度为 64 km/h，在当时的交通环境里基本没有实际意义，因此有人认为通用汽车公司并不愿意亲手终结盈利颇丰的传统汽车产业，只是用 512 系列混合动力实验车来缓解对降低空气污染的舆论压力。

但 1973 年，影响全球的第一次石油危机再次将纯电动和混合动力汽车推到聚光灯下，比起作用缓慢的空气污染，钱包变薄的问题更加迫在眉睫。到 1979 年，通用汽车公司在电动汽车项目上耗费 2 000 万美元，并乐观地估计到 20 世纪 80 年代中期就可以投入量产，直接跳过混合动力的过渡阶段。丰田在 1977 年也推出了一款混合动力概念车——Sports 800 Hybrid，如图 1-11 所示，它采用燃气轮机和电动机的并联形式。

图 1-10　1969 年 512 系列混合动力实验车

图 1-11　1977 年丰田生产的混合动力概念车

20 世纪 80 年代后，各大汽车制造商都在新能源领域进行尝试。奥迪公司在 1989 年展出了基于奥迪 100 Avant Quattro 研发的第一代混合动力实验车——Duo，如图 1-12 所示，它由 12.6 马力的电动机驱动后轮，能量来自可充电的镍镉电池；由 136 马力、2.3 L 的 5 缸内燃机驱动前轮。奥迪公司对 Duo 的研发一直持续到 1997 年，基于 A4 Avant 的第三代

Duo（见图1-13）正式量产，这使得奥迪成为第一家生产现代混合动力汽车的欧洲厂商，但这款车型最终因未得到市场认可而停产。宝马公司在1991年推出了电动概念车——E1，如图1-14所示。同年，日产公司也发布了他们的第一代电动概念车——FEV（Future Electric Vehicle），如图1-15所示，并在1995年发布了第二代FEV，如图1-16所示。

  1996年，通用公司研发的EV1诞生，并成为世界上第一辆现代意义上的量产电动汽车，如图1-17所示。但它短暂的生命（4年只生产了1117辆）却验证了电动汽车的生不逢时。

图1-12　1989年奥迪第一代混合动力实验车——Duo

图1-13　1997年基于A4 Avant的第三代Duo

图1-14　1991年BMW电动概念车——E1

图1-15　日产1991年推出第一代电动概念车——FEV

图1-16　日产1995年第二代FEV

图1-17　1996年诞生的EV1

福特在1998年也生产了纯电动皮卡Ranger EV，如图1-18所示，到2002年停产时共生产了1 500辆。1997年，在EV1奋力求生的同时，第一代丰田普锐斯上市，如图1-19所示，该车在日本、英国、澳大利亚和新西兰出售，在第一年就卖出1.8万辆，而到2011年3月累计销售达到了300万辆，是当时全球最畅销的混合动力汽车。

图1-18　福特在1998年纯电动皮卡Ranger EV

图1-19　1997年上市的第一代丰田普锐斯

在混合动力汽车的发展史中，日本丰田普锐斯是一个重要标志。在经历了近百年的风雨之后，混合动力汽车终于迎来了自己的春天。

目前，世界上已经有七十余种混合动力电动汽车问世，国外最热门、销量最大的新能源车就是混合动力汽车。

1997年，丰田将第一款量产混合动力品牌——普锐斯推向日本市场，当年售出18 000辆。1999年，本田混合动力双门小车Insight在美国推出，广受好评。据美国权威机构Autodata的统计数据显示，2007年10月，美国混合动力车的销售量与上一年相比增长了30%，销售量为24 443辆。混合动力车型甚至成了美国汽车市场上的一大亮点：2007年，美国市场销售混合动力汽车型超过30万辆。2007年5月17日，丰田混合动力汽车全球累计销售突破100万辆。

第三节　燃料电池汽车发展史

一、燃料电池之父葛洛夫

燃料电池早在19世纪就被发明，其工作过程是水分解为氢气和氧气的逆过程。

自从电被人类发现并投入生活、工业中使用以来，如何低成本且大规模发电就成了几代科学家研究的重点，燃料电池就是其中的一种发电装置。18世纪，英国著名化学家、物理学家卡文迪许发现氢气。随后，得益于19世纪金属铂催化性能的发现，时年28岁的英国物理学家威廉·葛洛夫于1939年在美国《科学》杂志上发表了一篇论文，论证了氢氧反应发电原理，并在1942年发表氢氧发电装置草图，如图1-20所示，即氢气在金属铂的催化作用下生成氢离子，氢离子通过电解液传输到氧气侧生成水，电子通过外电路传输发电，电流如图中的箭头所示。

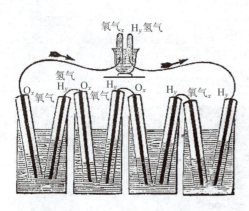

图 1-20 葛洛夫初代燃料电池草图
（Ox = Oxygen 氧气　Hy = Hydrogen 氢气）

因此，1939 年被视为燃料电池的诞生年，威廉·葛洛夫也被视为燃料电池之父。

1889 年，著名化学家及实业家路德维希·蒙德将电解液由液态硫酸升级为亚液态硫酸，即将片状多孔电极在硫酸溶液中浸润代替液态电解液，这样就大大紧凑了燃料电池的结构。

1890 年，英国和法国的两个团队在实验室里组装出了结构进一步改进的燃料电池，可以产生一定电流，但价格极其昂贵。同时，他们还意识到一个困扰至今的难题——只有贵金属可以催化燃料电池的反应。

二、燃料电池的应用

燃料电池发明之时，科学界还没有发现电子。后来火力发电和蒸汽发电技术逐渐成熟并开始大规模使用，价格昂贵的燃料电池只能退回到实验室研究状态。

1. 应用于军事

20 世纪 40 年代，英国工程师弗朗西斯·托马斯·培根以液体氢氧化钾为电解液，多孔镍为电极，扩大了适用催化剂的种类，这种设计给燃料电池的实用化带来了曙光。当时蓄电池技术不成熟且容易失火，而燃料电池只要氢气和氧气不接触就很难发生意外，且用作隔膜的石棉工艺成熟、结构可靠，极大地降低了氢、氧接触概率。因此，培根意识到碱性燃料电池非常适用于密闭空间，如潜水艇。随后培根顺利进入英国海军，虽然直到第二次世界大战结束碱性燃料电池也未能成功应用于潜水艇，但这段工作经历维持了燃料电池研究工作的进行。1959 年，培根带领团队制造出功率为 5 kW 的燃料电池实用系统，虽然价格依旧较为昂贵，但其特殊的性能引起了航空领域普惠公司的注意。

普惠公司是世界三大航空发动机制造公司之一，主要给民用、军用飞机生产发动机，同时该公司也是联合技术公司旗下的一员。联合技术公司号称"你能在这里找到任何东西"，小到电梯、空调，大到火箭发动机、宇航服都能生产，且该公司现在仍在从事燃料电池的研发、生产工作。20 世纪 60 年代初，普惠公司希望减轻对军事和航空公司的依赖，打算进入航天、舰船和燃料电池发电领域。在普惠公司注意到碱性燃料电池之前，早在 1955 年，通用电气公司就已经用磺化聚苯乙烯离子交换膜代替硫酸作电解质，使酸性燃料电池升级为全固态结构，随后他们又发现可以将催化剂铂直接制备到膜上，进一步紧凑了燃料电池的结构。

2. 应用于航空工业

20 世纪 60 年代，蓄电池可以满足短途宇航飞行的需要，但价格昂贵、质量极重且体积极大，有时宇宙飞船不得不在飞行途中丢下用完的蓄电池以减轻质量。太阳能电池在没有日光时无法供电，需要与蓄电池配合，而且能量转换效率极低，即使宇宙飞船外面铺满太阳能电池板都无法满足飞行需要。当时，NASA（美国航空航天局）正在进行双子星计划,如图1-21所示,需要一种安全稳定、轻便的装置来作为飞船电源,为之后的载人飞船登月积累经验。

相比之下,燃料电池的价格比蓄电池便宜,且电池反应是化学反应,不受卡诺循环限制,能量转换效率高达50%~60%,体积小、质量轻,副产物水还可以供宇航员饮用,因此受到了NASA青睐。

但在双子星号第一次飞行前的6个月,通用电气公司还不清楚燃料电池到底能不能支撑到任务结束,到底安不安全,会不会中途罢工。为

图1-21 双子星号宇宙飞船(无太阳能电池)

此,NASA在双子星号的前四次飞行中采用了传统蓄电池作为电源。双子星系列任务在早期出现过财务危机,被迫更换电力系统更是雪上加霜。虽然每平方厘米制备了高达0.028 g的铂做催化剂能够保证电极反应顺利进行,但当时的酸性离子交换膜燃料电池还存在水的管理问题,即当电池中水不够时交换膜会干燥开裂,而当水太多时又会淹没电极,这两个问题都会导致电池性能严重下降。因此,双子星号不得不额外增加一个水箱,以维持燃料电池内部的水平衡。双子星号上的超前技术不仅是燃料电池,其推进系统和逃生系统也不成熟,执行飞行任务的宇航员必然抱着"一去不返"的决心,如图1-22所示,他们不仅仅是为自己的祖国,更为全人类承担

图1-22 双子星号飞行前宇航员对着飞船模型祈祷

了极大的风险。

燃料电池系统将双子星号的飞行时间由4天延长到7天,后来又延长到十几天。虽然出现过第一次飞行不久就报警、水循环系统出问题等状况,但最后总算有惊无险。

双子星号系列任务取得了很多开创性的成就,为后续阿波罗号任务的成功开展提供了从宇航员训练及生存、宇宙飞船控制、飞船安全返回等多项经验,同时证明了燃料电池系统的可靠性。

解决酸性燃料电池中磺化聚苯乙烯膜诸多问题的曙光出现在20世纪70年代初,杜邦公司发明出机械强度高、电化学性能好的Nafion膜,而此时双子星计划已经结束,碱性燃料电池在技术上已经超过酸性燃料电池。

1961年,苏联宇航员尤里·加加林作为首个人类进入太空,使美国政府倍感压力,于是排除万难开启了人类历史上非常伟大的"阿波罗登月计划",即美国政府计划在20世纪60年代完成载人飞船登陆月球并返回地球的过程,这一计划浩浩荡荡花费了240亿美元。

"阿波罗登月计划"极大地推动了科技进步,为了服务阿波罗计划,航天发动机、计算机、医学、材料等多个领域都被强行往上拉了一大截,燃料电池只是其中受惠的一小部分。

碱性燃料电池的电极、膜等采用的都是较成熟的材料，不仅价格低廉且安全性更高。

为了在阿波罗号中安全应用，碱性燃料电池也做了一些技术改动，如降低运行压力、提高运行温度，使其实际性能比在地球上略低等。

图1-23 阿波罗号使用的碱性燃料电池

阿波罗号使用的碱性燃料电池，如图1-23所示，总重100 kg，总功率为1.5 kW，电极面积约700 cm^2。在1968—1972年之间的12次飞行任务中，燃料电池没有出现任何事故，虽然阿波罗1号和13号两次事故都与氧气有关。

阿波罗1号在测试时发生火灾，原因是当时飞船内是纯氧环境（部分材料如铝在纯氧环境下会剧烈燃烧），电路中出现电火花并引燃铝材料。另外，飞船舱门设计不合理耽误了航天员的逃生时间，人们只能在监控录像中眼睁睁看着3名宇航员牺牲。阿波罗13号在去往月球途中发生氧气罐爆炸，失去了大量的维生氧气、电力和水源，3名宇航员在氧气耗尽最后5 min内启动登月舱，并借助登月舱顺利返回地球，其间无数次与死神擦肩而过。随后在美国航天计划中，NASA继续使用碱性燃料电池作为电源，从1981年哥伦比亚号航天飞机飞行成功到2011年航天飞机全部退役，除正常的电解液氢氧化钾被二氧化碳毒化外，燃料电池从没出现过任何意外。

当美、苏相继在航天领域取得成绩时，我国也在进行"两弹一星"计划，航天任务被拆解为无数个子任务由各个科研机构承担。

国内燃料电池在20世纪50年代末时已有研究，为了航天技术的发展，中科院大连化学物理研究所的朱葆琳先生和袁权院士带领团队开始航天燃料电池系统的研制，历经10年攻关，研发出两种航天碱性燃料电池系统，并获得国防科委尖端成果奖，从此开启了燃料电池在中国的一段故事。

随着太阳能电池、储能电池、核电池等技术的快速发展，燃料电池已经逐步退出航天等领域，但在民用领域的应用才刚刚开始，丰田Mirai燃料电池汽车就是燃料电池在民用领域的起点。

二、燃料电池汽车在各国的发展情况

据衣宝廉院士介绍，从国际上来看，氢燃料电池汽车分为3个发展阶段。

第一阶段为1990—2005年。1990年，美国能源署开展氢能与燃料电池研发和示范项目，世界发达国家（地区）纷纷加紧氢能与燃料电池的研究部署。当时，人们对这项技术的攻关难度理解不够，以为燃料电池汽车可能在1995年左右就能实现产业化，虽然实际上做出的3辆氢燃料电池汽车在试验阶段运行很稳定，但放在芝加哥上路运行不到一个月就全部垮掉，大家这才意识到燃料电池不适用于汽车的工况。

第二个阶段是2005—2012年。人们用了7年时间终于解决了燃料电池在汽车中的工况适应性问题，燃料电池比功率达到了2 kW/L，在-30 ℃的环境中也能储存和起动，基本上满足了车用要求。

第三阶段是 2012 年至今。丰田公司生产的燃料电池比功率达到 3.1 kW/L，该公司于 2014 年 12 月 15 日宣布，"未来"氢燃料电池汽车实现商业化，进入了商业推广阶段。其后，本田与现代也推出了燃料电池商业化汽车。因此，从商业化角度，有人把 2015 年誉为燃料电池汽车的元年。

据中国客车网报道，当前国际氢燃料电池汽车已经渡过技术开发阶段，进入到市场导入阶段。燃料电池发动机功率密度大幅提升，已经达到传统内燃机的水平；基于 70 MPa 储氢技术，续驶里程达到传统车水平（燃料填充时间 <5 min）；燃料电池寿命满足商用要求；低温环境适应性提高，可适应 –30 ℃ 环境，车辆适用范围达到传统汽车水平。降低生产成本、批量制造，以及加氢站的建设将成为下一步的研发重心；而铂用量的降低，特别是采用非铂催化剂是长期而艰巨的目标。

衣宝廉认为，现在产业化的关键问题是进一步建立生产线、降低生产成本和加快加氢站的建设。这也是目前全球燃料电池汽车发展的共同问题。从燃料电池的发动机来看，它现在可以做到体积跟内燃机相同。从寿命来看，大巴车已经达到 18 000 h，小车也超过 5 000 h，其原因是采用了"电 – 电"混合方式，即二次电池与燃料电池混合驱动策略，使燃料电池在相对平稳的状态工作，大幅提高了燃料电池的耐久性。从成本来看，目前如果按年产 50 万辆燃料电池汽车计，燃料电池每千瓦成本大约是 49 美元，这个价格是可以接受的。业内也有人认为燃料电池汽车受铂资源的限制，现在氢燃料电池铂用量的国际先进水平为 0.2 g/kW，国内目前水平是 0.4 g/kW 左右，产业化的需求是要降低到小于 0.1 g/kW。小于 0.1 g/kW 是什么概念？据衣宝廉院士介绍，就是跟汽车尾气净化器用的贵金属量相当，这是需要依靠技术进步来逐步实现的。

衣宝廉院士透露，现在国际上各大汽车公司竞争的技术水平都是在燃料电池小轿车中体现的，而小轿车对加氢站数量的依赖度较高，当加氢站不能像加油站那么普及时，发展大巴车、物流车或轨道交通车是比较实际的做法。也就是说，对加氢站依赖度越低，越容易首先实现燃料电池车产业化，不会让用户产生加氢焦虑。

从全球发展来看，燃料电池汽车现在已经进入商业化导入期，它跟内燃机汽车效果完全是一样的。随着企业的参与、产品工艺的定型、批量生产线的建立，以及关键材料与部件国产化，燃料电池的成本也会得到大幅度降低。此外，要加大力度推进加氢站的建设。目前，国内一些能源公司、工业副产氢公司及地方政府对建设加氢站都表现出极大的兴趣，纷纷制定规划投入开发，加氢站的数量逐渐满足区域性加氢（如公交运营线、物流区等）的需求。

三、世界各国燃料电池汽车发展史

（一）奔驰公司甲醇燃料电池汽车发展史

甲醇，又称为木醇。以前，人们通过"蒸馏木材"来获得甲醇这种可以燃烧的液体，可以算是对生物质能清洁利用的开始。而甲醇作为一种燃料，最早应用于第二次世界大战后期。当时，德国的原油供应受到限制，需要用一种新的液体燃料替代，就对甲醇进行了大量的研究，尤其是将甲醇与过氧化氢的混合液应用在战斗机上。甲醇再一次作为燃料进入人们的视野是在 20 世纪 70 年代的石油危机以后。当时，作为汽车行业的先锋，德国奔驰公司基于 S 级轿车平台开发出了一款甲醇内燃机轿车,如图 1-24 所示。作为燃料,甲醇不仅被应用于内燃机,还被各大主机厂商应用于氢燃料电池中。

图 1-24 甲醇内燃机轿车

1966 年,通用汽车公司的第一台燃料电池汽车,如图 1-25 所示,Electrovan 采用了碱性燃料电池,车上携带了氢气罐和氧气罐,从空间布置上来讲,气罐占据的体积比较大。

世界上第一辆 PEM 燃料电池汽车 Necar 1 如图 1-26 所示。真正现代意义上的燃料电池汽车搭载 PEM 质子交换膜的版本是奔驰公司的 Necar。Necar 有两种解释,一种是 New electric car,另一种是 No emission car,产生这种区别的原因在于是否使用了甲醇作为燃料的来源。Necar 系列的车从 1994 年开始,一共做了 5 代,和甲醇结下了不解之缘。第一代的 Necar,是基于奔驰公司的 MB100 的小面包平台,后备厢内放置 30 kW 的质子交换膜电堆,续驶里程为 130 km,采用高压氢罐,300 bar 压力(1 bar = 100 kPa)的方式。1994 年 Necar 1 面世,并拉开了燃料电池研究的序幕。

图 1-25 通用汽车公司的第一台燃料电池汽车

图 1-26 世界上第一辆 PEM 燃料电池汽车 Necar 1

采用纯氢罐为氢气载体的燃料电池汽车 Necar 2 如图 1-27 所示。1996 年,通用汽车公司将平台换为 V 系列平台,这款商务旅行车的车顶被有效地利用起来,增加了更多的实用空间。此时,电堆的功率虽然也是 50 kW,但是燃料电池的系统输出功率已经可以达到 45 kW,车辆的续驶里程也增加到 250 km。也正是这一代产品让人们开始意识到,续驶里程方面,储氢罐有较大的局限性。于是在 Necar 2 的基础上,研究人员开始进行技术分支,导入甲醇作为氢气的来源。与此同时,也开始液氢和纯氢的对比。

使用甲醇作为燃料的燃料电池汽车 Necar 3 如图 1-28 所示,奔驰公司率先使用甲醇重整技术,将甲醇 CH_3OH 重整成为 H_2 和 CO_2,并将氢气导入电堆发电,使得氢气即产即用。38 L 的甲醇箱内的甲醇可以支持这辆 A 级车行驶 300 km 以上。这辆车的后座被用来放置甲醇重整的装置，电堆被布置在底盘下，如图 1-29 所示。

图 1-27　采用纯氢罐为氢气载体的
燃料电池汽车 Necar 2

图 1-28　使用甲醇作为燃料的燃料
电池汽车 Necar 3

分别以高压氢罐和液体氢作为燃料的燃料电池汽车 Necar 4a 和 Necar 4 如图 1-30 所示，它们也是和 Necar 3 一样的平台，一样的车型，但是它们的氢的储存方式不一样。Necar 4a 基于液体储氢的思路，配置了压力为 9 kg、低温储存箱温度为 -200 ℃ 的储氢系统。续驶能力达到 450 km 以上，充分体现了液体氢的优势。一年以后推出的 Necar 4a 依旧采用高压氢瓶，在有限的空间里仅能携带 2.7 kg 的氢气，续驶里程仅 200 km。此时的电堆技术已经可以发展到 75 kW 的等级。

图 1-29　使用甲醇重整制氢的
Necar 3 车型

图 1-30　分别以高压氢罐和液体氢作为燃料的
燃料电池汽车 Necar 4 及 Necar 4a

最有跨时代意义的是 2000 年推出的 Necar 5，这款车在 Necar 3 的基础上有了很大的性能提升，尤其是在"减体积"方面。电堆依旧被布置在电底板之下，重整器、CO 去除装置均被扁平化集成在车底，如图 1-31 所示。Necar 5 具备高度的集成化的重整制氢系统，功率达到 75 kW，续驶里程在 400 km 以上。

在 2002 年 5 月 20 日至 2002 年 6 月 4 日，3 辆 Necar 5 从旧金山出发，横跨美国大陆抵达华盛顿，行程 5 000 km，从海平面到 2 600 m 的高海拔地区，这 3 辆车每 500 km 加注一次甲醇，历时 14 天，完成了测试。项目负责人 Ferdinand Panik 当时预测到 2010 年会有部分车辆量产后租给特定人群。后来定型的 F-Cell，如图 1-32 所示，是基于 B-Class 的压缩氢罐类型，共生产了几百台，在德国通过特种租赁的方式进行推广测试。

图 1-31　Necar 5 内部构造

图 1-32　基于高压氢的奔驰氢燃料电池车 F-Cell

(二) 丰田燃料电池汽车发展史

1996 年，丰田推出了第一款燃料电池概念车——FCHV-1，并参加了大阪的游行。这是一款改装自 RAV4，采用了 10 kW 的 PEMFC 和金属储氢装置的 FCEV，又称为 EVS13。该车的续驶里程达到了 250 km。

1997 年，丰田紧接着推出了第二款燃料电池汽车——FCHV-2。该车同样改装自 RAV4，搭载了 25 kW 的 PEMFC，并且使用了甲醇重整燃料电池，续驶里程达到了 500 km。

2001 年 3 月，丰田推出了第三款燃料电池汽车——FCHV-3。这次丰田不再采用 RAV4 了，而改用汉兰达平台改装。FCHV-3 采用了功率高达 90 kW 的 PEMFC 和金属储氢装置。另外，该车使用了镍氢电池作为辅助电池系统，这一设计参考了普锐斯的动力系统。

2001 年 6 月，也就是在推出 FCHV-3 的 3 个月后，丰田就推出了其改进版 FCHV-4。该车最大的特点是采用了高压储氢罐的方式储氢，共有 4 个 25 MPa 的高压气罐，每个气罐体积达到 34 L，这让 FCHV 的储氢系统重量减少了 250 kg，达到了 100 kg。由于当时压力较低，FCHV 的续驶里程反而减少到了 250 km。

2002 年，丰田推出了在 FCHV-4 基础上改进的 FCHV，并得到了日本政府的认可，在日本和美国进行小范围的销售。在 2005 年，丰田的 FCHV 得到了日本政府的型式认证。

2008 年，丰田推出了 FCHV-adv，也就是这款车搭载了丰田第二代燃料电池。该车依然基于汉兰达的平台改装而来，使用了 4 个 70 MPa 的储氢罐，行驶里程达到 760 km。

2015 年，Mirai 上线。同年 10 月 21 日，Mirai 开始在加州出售。Mirai 是丰田首款量产的氢燃料电池汽车，被丰田视为"未来之车"。在 2017 年的东京车展上，人们看到丰田推出的新车型，包括概念车在内都是氢燃料电池汽车。迄今为止，丰田混合动力汽车在全球范围内已经销售了 1 100 万辆。如今，国际车坛把混合动力技术的普及当作汽车转型入门的开始，即便是插电式混合动力汽车和纯电动汽车也都离不开混合动力为基础。从那时起，福特和宝马也都积极与丰田寻求这方面的合作，引起业界关注。

在试驾 Mirai 时，体会最深的是不影响传统汽车的驾驶习惯，而是没有了发动机的声响，具有极佳的静谧性，一次充气（氢）只需 3 min，就能行驶 500 km，与传统汽车加油的时间相当。这款车的售价折合成人民币，在 40 万元左右。按照丰田 2050 战略，HEV、PHEV 只是短期目标，而中长期目标是要靠 FCV 最终实现零排放。而 Mirai 的推出，表明丰田这一目标的实现已经提前。

尽管 Mirai 还处在实证实验阶段，但按丰田的办事风格，一项新的技术和成果不到成熟阶段是不会示人的，就像在中国实施双擎战略，先建研发中心，再国产，然后再上市。事实，这种"后发制人"的策略表明丰田公司对技术的自信和市场的把握洞察。尤其是零差价的双擎（卡罗拉和雷凌），一经问世就成为混合动力市场的标杆。

丰田（中国）投资有限公司董事长大西弘致表示，对 Mirai 的实证实验就是为了证明引进的可行性，并为应用到更广泛的商业领域做准备。他认为，Mirai 是终极环保车，对节能减排有着重要的现实意义。

未来全球主要国家都将使用新能源汽车，如同各国确定的政策目标一样，这是确定的大趋势，关键在于用什么样的技术路径去实现。

在 2014 年以前，丰田已经在燃料电池领域取得了技术突破，可以使车用燃料电池的成本从 100 万美元降到 5 万美元，降幅高达 95%。

丰田 Mirai 的结构如图 1-33 所示，与传统的汽油车或者纯电动汽车都不一样，如果硬要找出一个类似的结构，可能丰田最畅销的普锐斯跟 Mirai 会有一点相似。

图 1-33　丰田 Mirai 结构

Mirai 动力系统的英文缩写为 TFCS，即丰田燃料电池堆栈，是以燃料电池堆栈为核心组件的混合动力系统。TFCS 没有传统的汽油发动机，也没有变速器，发动机舱内部是电动机和电动机的控制单元，在驾驶舱底部布置着的燃料电池堆栈是整套系统的核心，在车身后桥部分放置着一个镍氢动力电池组和前后两个高压储氢罐，Mirai 加满 5 kg 氢气就可以续航 650 km。

（三）本田燃料电池汽车发展史

在日本，除了丰田之外，本田同样是知名的燃料电池汽车制造商。从 1999 年开始，本田一直坚持燃料电池汽车的研发，并在 1999—2003 年间每年推出一款新的燃料电池汽车，且每次都有明显的进步。尤其是 2003 年推出的 FCX-V4，其技术参数已经与现在的燃料电池汽车非常接近。

本田的燃料电池汽车被认为可以与丰田的 Mirai 媲美，这与其一直坚持自主研发有着密切联系。国内汽车厂商和燃料电池厂商应当从国外的先进企业中吸取经验。

在 2003 年后，本田停止了对燃料电池汽车持续的更新，直到 2007 年才再次推出一款燃料电池汽车 Clarity，这个名字也一直沿用至今。2007 年之后，本田再次"断更"，直到 2016 年才重新推出了新的 Clarity Fuel Cell。

1. FCX – V1 和 FCX – V2

1999年9月6日，本田汽车有限公司先后推出了FCX – V1和FCX – V2两款由燃料电池驱动的原型车，本田FCX – V1燃料电池动力汽车如图1 – 34所示。这两款原型车均采用本田专为电动汽车设计的EV Plus车身，以及本田自己的小型驱动电机和控制系统。FCX – V1使用了来自巴拉德的固体聚合物燃料电池，输出功率为60 kW，储氢系统使用了合金储氢罐；FCX – V2则使用了本田自产的甲醇重整器和自制的PEFC，输出功率也是60 kW。另外，这两款车均使用了电池作为辅助系统。

2. FCX – V3

2000年9月，本田推出了FCX – V3，如图1 – 35所示。经过一年的时间，FCX – V3最显著的变化是使用了来自Civic GX的25 MPa的高压储氢罐。该车的燃料电池系统有两个版本，一个来自巴拉德，另一个则是本田自制。辅助电池系统由电池换成了超级电容器。V3的续航里程达到了180 km。值得一提的是，FCX – V3参与了加州燃料电池合作计划，在美国加州进行了道路试验。

图1 – 34 本田FCX – V1燃料电池动力汽车

图1 – 35 本田FCX – V3燃料电池动力汽车

3. FCX – V4

2001年9月，本田推出了FCX – V4燃料电池动力汽车，如图1 – 36所示。本田对FCX – V4进行了全新的设计，该车使用了35 MPa的高压储氢罐，续驶里程也由180 km上升到300 km。2002年7月24日，本田FCX – V4成为世界上第一个获得政府认证的燃料电池汽车。

4. FCX

2002年9月，本田推出了FCX燃料电池汽车原型车，如图1 – 37所示，并于2002年12月3日在日本和美国交付首批本田FCX燃料电池汽车。FCX是世界上第一个获得美国政府批准的商业化燃料电池汽车。

图1 – 36 FCX – V4燃料电池动力汽车

图1 – 37 FCX燃料电池动力汽车原型车

2003 年 10 月，本田推出了配备 FC Stack 的 FCX，如图 1-38 所示，它是一款非常紧凑的新一代高性能燃料电池汽车，可在低温下运行。FCX 具有世界上第一个采用冲压金属双极板和新开发的电解质膜的燃料电池系统，其功率提高到了 80 kW，汽车续驶里程也增加到 450 km。本田开始对车辆的冷起动和驾驶性能进行了公开测试，以推动燃料电池汽车的更广泛使用。

5. FCX Clarity

2003 年后，本田结束了每年推出一款燃料电池汽车的节奏。直到 2007 年 11 月，本田在洛杉矶车展上发布了新的燃料电池汽车——FCX Clarity，如图 1-39 所示，这个名字也一直沿用至今。FCX Clarity 是一款全新设计的燃料电池汽车，由本田 V Flow 燃料电池组提供动力。该车的许多参数与现在的燃料电池汽车非常接近，如燃料电池功率达到了 100 kW，使用锂离子电池作为电池辅助系统，使用了 35 MPa 的高压储氢罐。由于使用了众多先进技术，故该车的续航里程达到了 620 km。当时，本田计划在 3 年内生产 200 辆 FCX Clarity。

图 1-38　配备 FC Stack 的 FCX 燃料电池汽车

图 1-39　燃料电池汽车——FCX Clarity

2016 年 3 月，本田开始在日本销售全新的燃料电池汽车 FCV Clarity，如图 1-40 所示。该车使用了本田自主研发的燃料电池系统，功率达到 103 kW，储氢罐压力达到 70 MPa，续航里程高达 750 km。本田自主研发的燃料电池系统非常紧凑，前舱就能完全容纳燃料电池系统。

6. Puyo

在 2007 年东京车展上，本田推出了一款燃料电池概念车 Puyo，如图 1-41 所示。该车使用操纵杆取代了方向盘，且该车的车身可以旋转 360°，因此无须倒车操作。

图 1-40　本田全新燃料电池汽车 FCV Clarity

图 1-41　本田燃料电池概念车 Puyo

（四）中国燃料电池汽车发展史

我国的氢燃料电池汽车从"九五"开始到"十四五"，已经进行了十几年的研发。

2008年，北京奥运会有23辆燃料电池车露面，其中3辆大巴、20辆轿车。2009年，我国有16辆燃料电池汽车在美国加州进行了试验。2010年上海世博会，共196辆燃料电池汽车参加了运营，燃料电池的输出功率是50 kW，锂电池的输出功率是20 kW。此外，这些燃料电池汽车还参加了新加坡的世青赛。北京奥运会用的公交车在北京801路上进行了示范运行，该车燃料电池的输出功率是80 kW。

在这之后，上汽举办了"2014创新征程万里行"活动，燃料电池汽车、纯电动汽车和插电式混合动力汽车都参加了示范，燃料电池汽车在全国14个省、市、自治区25个城市运行，总里程超越10 000 km，接受了沿海潮湿、高原极寒、南方湿热、北方干燥的考验。在客车方面，宇通公司推出了第三代燃料电池客车，氢燃料加注时间仅需10 min，测试工况下续驶里程超过600 km，且成本下降了50%。此外，福田燃料电池客车也亮相北京奥运会和上海世博会，近年来技术又得到提升。而后，上汽大通的FCV80氢燃料电池版的轻客汽车，采用新源动力电堆驱动，最高车速可达120 km/h。

在我国公布的《中国制造2025》重点技术领域技术路线图中，关于新能源汽车的发展规划提到，到2020年要具有燃料电池关键材料批量化生产的质量控制和保证能力；在2025之前，我国氢能汽车方面的制氢、加氢等配套基础设施基本完善，燃料电池汽车实现区域小规模运行。为了推行氢能燃料电池汽车，国家出台了相应的补贴政策。同时，国务院办公厅提出：对符合国家技术标准且日加氢能力不少于200 kg的新建燃料电池汽车加氢站，每个站奖励400万元。相信沿着这个目标，中国的氢燃料电池汽车，尤其是氢燃料电池客车必定会有一个大的发展机会。

（五）五大建议促进氢燃料电池汽车产业化

针对中国氢燃料电池汽车发展问题，衣宝廉院士结合多年的研发和实践工作，着重讲了他的5个建议，具体如下。

（1）实现关键材料的批量生产。有志于燃料电池事业的企业家可以投资建立燃料电池关键材料与部件的批量生产线，实现燃料电池关键材料与部件的批量生产，建立健全的燃料电池产业链。

（2）提高燃料电池电堆和系统的可靠性与耐久性。研究车用工况下燃料电池衰减机理的科研单位与生产电堆和电池系统的单位可以合作开发控制电堆衰减的实用方法，大幅度提高电堆与电池系统的可靠性与耐久性。

（3）空压机、储氢瓶和加氢站。加快车用燃料电池系统用空压机与70 MPa氢瓶的研发和加氢站的建设。加大科研投入，联合攻关；引进空压机技术，合资建厂。

（4）加速轿车用燃料电池技术的开发。开发长寿命的薄金属双极板，大幅度提高电池堆的质量比功率与体积比功率；开发有序化的纳米薄层电极，大幅度降低电池的铂用量，提高电池的工作电流密度；采用立体化流场，减少传质极化。

（5）加强整车的示范运行与安全实验，扩大燃料电池汽车示范运行。

针对国内氢燃料电池汽车市场化的上述5个建议，衣宝廉院士详细解释如下。

第一是关于实现关键材料的批量生产。

目前，国产氢燃料电池发动机为什么比国外贵？其中一个因素就是我们的材料都是依靠进口，这些材料包括催化剂、隔膜、碳纸等。其实，这方面国内已经取得了一定的研发成果，如国内的催化剂、复合膜、碳纸等从技术水平上已经达到甚至超过国外商业化产品，急需产业界投入建立批量生产线，实现国产化。

第二是提高电堆与系统的可靠性和耐用性。

现在中国的氢燃料电池汽车整体而言并不比德国、美国、日本的车差，但可靠性和耐用性还有待提高。而研究车载工况下燃料电池衰减机能的科研单位与电堆生产和电池系统的电池生产单位合作就能攻破这一难题。

燃料电池系统的寿命不完全是由电堆决定的，还依赖于系统的配套，包括燃料供给、氧化剂供给、水热管理和电控等，系统内部关系搞不好，电堆在里边的环境就不好。就像现在国人讲养生，首先是身体基因，更重要的是生活环境、个人保健等多方面得到保障，电池的寿命也是一样的。

大连化学物理研究所（简称大连化物所）在燃料电池衰减机理及控制策略方面已经开展了一系列卓有成效的工作。研究表明，采用限电位控制策略可以显著降低燃料电池起动、停车、怠速等过程引起的高电位衰减。采用"电－电"混合策略，可以平缓燃料电池输出功率的变化幅度，对延长燃料电池的寿命起到决定性的作用。此外，氢侧循环泵、乙醇胺（MEA）在线水监测等措施可以有效地改善阳极水管理，可以提高燃料电池耐久性。

第三是关于燃料电池系统用的空压机与 70 MPa 氢瓶的研发和加氢站的建设。

这是涉及燃料电池示范运行的一个大问题。鉴于我国在燃料电池车载空压机技术方面比较薄弱，建议采用引进技术与自主开发相结合，尽快推进。在高压氢瓶方面，建议尽快建立 70 MPa Ⅳ 型瓶的法规标准，氢瓶成本还有待进一步降低。在加氢站方面，尽管国家有补贴政策，但成本还是比较高，我们可以根据燃料电池商用车或轨道交通车区域或固定线路运行的特点，建立区域性加氢站，满足示范运行需求，随着燃料电池汽车数量的增大，加氢站也会逐步增多，这是市场发展的必然趋势。

第四是加速轿车燃料电池的开发。

商用车看重的是可靠性和耐久性，对质量比功率和体积比功率没有太高的要求；轿车是各大汽车公司竞争的领域，因为车辆内空间有限，故轿车要求质量比功率和体积比功率较高，现在都要达到 3 kW/L 以上。而大连化物所电堆体积比功率已经达到 2.7 kW/L，接近国际先进水平。还要在高活性催化剂、低铂用量电极、有序化 MEA、3D 流场方面做更深入地研究工作。

第五是加速燃料电池汽车示范及安全实验。

联合国环境开发署三期"促进中国燃料电池汽车商业化发展"示范项目计划在北京、上海、郑州、佛山、盐城等城市开展。此外，云浮等地方政府也在积极推动示范运行项目。

再就是我们比较关注的安全性问题。一听说燃料电池带高压氢，大家都害怕。其实氢气比较轻，它的扩散系数是汽油的 22 倍，氢气漏出来以后很快就向上扩散了，不像汽油，漏出来以后就滞留在车的旁边。汽油着火是围绕车烧的，氢气着火是在车辆上方的，所以氢气在开放空间中是非常安全的。但氢气在封闭空间的安全性要引起足够重视，如家用氢燃料电池车在车库里，这个车库要安装氢传感器，而且要安上通风装置，以防发生危险。现阶段建议载有氢燃料的车最好露天停放。

总之，目前我国政府非常重视新能源汽车的发展，燃料电池汽车迎来了发展机遇。科研院所与企业界要联合攻关，继续完善燃料电池技术链，发展燃料电池产业链，加快促进我国燃料电池汽车的商业化发展。

燃料电池汽车样车开发和示范运行都已证明其技术的可行性,但要达到实用化还面临着很多挑战,主要有以下几个方面。

(1) 燃料电池的寿命需要进一步提高。目前,燃料电池的使用寿命只有 2 000 ~ 3 000 h,而实用化的目标寿命应大于 5 000 h。因此,减缓和消除工况循环下材料与性能的衰减,增加对燃料与空气中杂质的耐受力,提高 0 ℃ 以下储存和起动能力等成为研究热点。

(2) 燃料电池的成本要大幅度降低。2005 年,美国能源部依据现有材料与工艺水平,预测在批量生产条件下燃料电池系统的成本为 108 美元/kW,到 2010 年达到的目标成本是 35 美元/kW。为此,需要研究满足寿命与性能要求的廉价替代材料(如超低铂用量的电极,大于 120 ℃ 高温低湿度膜等)与改进关键部件的制备工艺,并逐步建立批量生产线。

(3) 解决氢源和基础设施问题。结合本地资源情况,选择合适的制氢途径,进行加氢站的建设。同时,要开展车载储氢材料和储氢方法研究,提高整车的续驶里程。

第二章 电力电子变换

小林在认识电动汽车的过程中,了解到电动汽车中将直流电转换为三相交流电的一个功率装置——汽车变频器,他想知道汽车变频器是如何将直流电转换为三相交流电的。

(1) 能说出电力 IGBT 的特点。
(2) 能说出电力 IGBT 的驱动电压和截止电压。
(3) 能通过测量来确定一个电力 IGBT 的好坏。

第一节 概述

一、电力开关元件类型

电力电子变换是一门复杂的学科,对于专科学生来说,学习电动汽车要掌握电力开关的知识。电力开关元件类型:电力晶体管(Giant Transistor, GTR);电力场效应晶体管(Power - MOSFET, P - MOSFET);绝缘栅极双极型晶体管(Insulated Gate Bipolar Transistor, IGBT);智能功率模块(Intelligent Power Modules, IPM)。

二、电力开关元件的应用

电力开关元件的应用如图 2-1 所示。GTR 和 P - MOSFET 等元件通过对基极(门极、栅极)的控制,既可使其导通,又可使其关断,属于全控型元件。除 GTR、P - MOSFET 外,近年来其他新型电力电子元件也得到迅猛发展。因场控型元件具有驱动功率小、开关速度快的特点,所以这些新型元件多为场控型元件和其他元件的复合。

IGBT 是 MOSFET 与功率晶体管的复合元件,它既有 MOSFET 易驱动的特点,又有功率晶体管电压大、电流容量大等优点。其频率特性介于 MOSFET 与功率晶体管之间,可正常工作于几十千赫兹频率范围内,故在大、中功率应用中占据了主导地位。

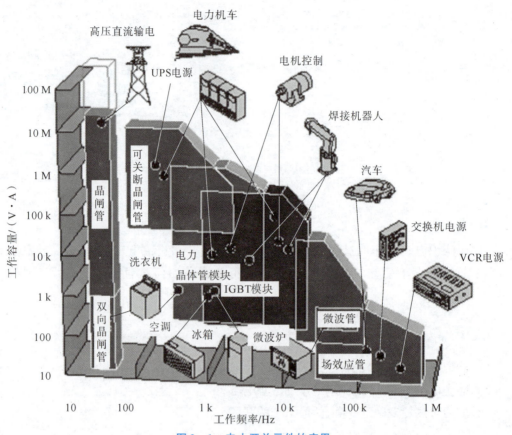

图 2-1 电力开关元件的应用

本章主要介绍近年出现并发展迅速的 IGBT 的工作原理、应用、驱动电路、缓冲和保护电路。

第二节 GTR

一、GTR 的结构

GTR 是一种耐高电压、大电流的双极结型晶体管（Bipolar Junction Transistor，BJT），驱动电路复杂，驱动功率大，其工作原理和普通双极结型晶体管（电子学中的三极管）一样，如图 2-2 所示。

二、GTR 的原理

GTR 有 3 个电极，即 C（Collector，集电极）、B（Base，基极）和 E（Emitter，发射极）。如果在 GTR 中 B、E 两极间的电压超过开启电压后形成一个小电流，则在 C 极和 E 极间有大电流流过。GTR 是用来放大电流的元件，放大倍数用 β 表示。

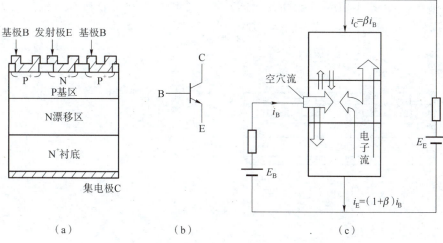

图 2-2 GTR 内部结构、电气符号和基本原理

(a) 内部结构；(b) 电气符号；(c) 基本原理

三、GTR 模块符号

模块化 GTR 内部简化结构如图 2-3 所示，四单元模块可实现单相全桥逆变器，而六单元模块可实现三相全桥逆变。

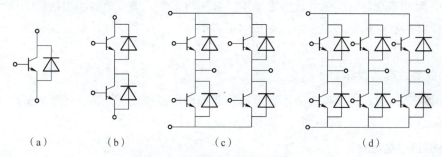

图 2-3 模块化 GTR 内部简化结构

(a) 一单元模块；(b) 二单元模块；(c) 四单元模块；(d) 六单元模块

第三节 P-MOSFET

一、P-MOSFET 的结构

P-MOSFET 有 3 个端子，即 D（Drainage，漏极）、G（Gate，栅极）和 S（Source，源极）。当 D 极接电源正极，S 极接电源负极时，G 极和 S 极之间电压为 0，沟道不导电，管子处于截止状态；如果 G 极和 S 极之间的电压大于或等于管子的开启电压，且在 G 极和 S 极之间加一正向电压 U_{GS}，则管子导通，在 D 极和 S 极间流过电流 I_D。D 极和 S 极 U_{GS} 超过开启电压越大，导电能力越强，电流 I_D 越大。输出电流比输入电压为电阻的倒数，称为跨导，单位是 S（西门子）。

如果在 P – MOSFET 中的 G 极和 S 极间施加一个电压，则在 D 极和 S 极间有大电流流过，是电压放大电流的器件，如图 2 – 4 所示。

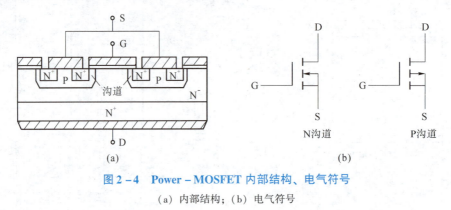

图 2 – 4　Power – MOSFET 内部结构、电气符号
(a) 内部结构；(b) 电气符号

二、P – MOSFET 的保护措施

由于 P – MOSFET 的绝缘层易被击穿，且 G 极和 S 极间的电压一般不得超过 ± 20 V，因此，P – MOSFET 在应用时必须采用相应的保护措施，具体如下。

1. 防静电击穿

P – MOSFET 最大的优点是有极高的输入阻抗，但在静电较强的场合易被静电击穿。因此，在储存时应放在具有屏蔽性能的容器中，取用时工作人员要通过腕带接地；在元件接入电路时，工作台和电烙铁必须接地，焊接时电路须断电；在测试元件时，仪器和工作台都必须接地。

2. 防偶然性震荡损坏

为防止当输入电路的某些参数不合适时引起振荡而造成元件损坏，可在栅极输入电路中串入电阻。

3. 防栅极过电压

为了防止栅极过电压，可在栅源之间并联电阻或约 20 V 的稳压二极管。

4. 防漏极过电流

由于过载或短路会引起过大的电流冲击，超过极限值，因此必须采用快速保护电路元件迅速断开主回路。

第四节　IGBT

一、IGBT 的结构

IGBT 的内部结构、等效电路和电气符号如图 2 – 5 所示。GTR 由 N^+、P、N^-、N^+ 4 层半导体组成，无 SiO_2 绝缘层；MOSFET 由 N^+、P、N^-、N^+ 4 层半导体组成，但有 SiO_2 绝缘层；IGBT 由 N^+、P、N^-、N^+、P^+ 5 层半导体组成，有 SiO_2 绝缘层。

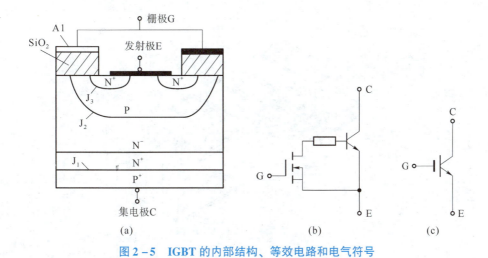

图 2-5 IGBT 的内部结构、等效电路和电气符号
(a) 内部结构；(b) 等效电路；(c) 电气符号

二、IGBT 的原理

IGBT 包括 C（Collector，集电极）、G（Gate，栅极）、E（Emitter，发射极）3 个电极，其工作原理是在 G 极和 E 极间施加一个电压，使得 C 极和 E 极间有大电流流过。IGBT 是电压放大电流的元件。

IGBT 是通过栅极驱动电压来控制的开关晶体管，其工作原理与 MOSFET 相似。GTR 饱和压降低，载流密度大，但驱动电流也较大。MOSFET 驱动功率很小，开关速度快，但导通压降大，载流密度小。IGBT 综合了两种元件的优点，驱动功率小且饱和压降低。

三、两单元 IGBT 功率模块实物

两单元 IGBT 功率模块实物如图 2-6 所示，其内部有两个 IGBT 功率开关管，结构如图 2-7 所示。

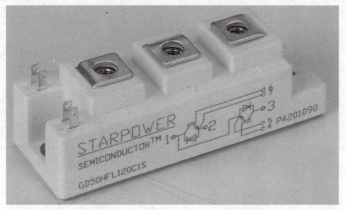

微课 1 两单元 IGBT 功率模块

图 2-6 两单元 IGBT 功率模块实物

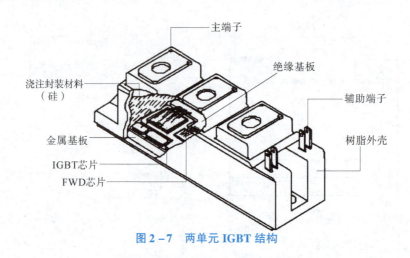

图 2-7 两单元 IGBT 结构

四、IGBT 模块符号

IGBT 模块常用封装形式如图 2-8 所示,其一单元、两单元、六单元 IPM 符号,图中只给出了 IGBT 模块中 IGBT 的组合个数。

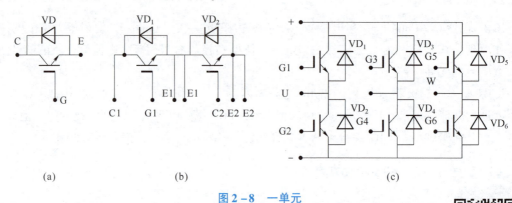

图 2-8 一单元
(a) 两单元;(b) 六单元 IGBT;(c) 等效电路符号

微课 2 IGBT 等效电路符号

第五节 IPM

一、IPM 简介

IPM 在 IGBT 的外围集成了驱动和诊断电子电路,且具有驱动和诊断的功能。随着 IGBT 的工作频率在 20 kHz 的硬开关及更高的软开关中的应用,IPM 代替了 MOSFET 和 GTR。

二、IPM 的功能

IPM 的具体功能包括栅极驱动、短路保护、过流保护、过热保护和欠压锁定。

1. 驱动功能

IPM 内的 IGBT 芯片都选用高速型,且驱动电路紧靠 IGBT 芯片,驱动延时小,所以 IPM 开关速度快,损耗小。

2. 诊断功能

当出现过电压、过电流和过热等故障时,检测电路可将检测信号送到 DSP 做中断处理。

1) 过流保护功能

IPM 实时检测 IGBT 电流,当严重过载或直接短路引起过流时,IGBT 将被软关断,同时送出一个故障信号。

2) 过温保护功能

在靠近 IGBT 的绝缘基板上安装有温度传感器,当基板过热时,IPM 内部控制电路将截止栅级驱动,不响应输入控制信号。

3) 欠压保护功能

驱动电压过低(一般为 15 V)会造成驱动能力不够,增加导通损坏。IPM 自动检测能够驱动电源电压,当超过 10 μs 低于一定值时,将截止驱动信号。

4) 其他功能

IPM 内置相关的外围电路,无须采取防静电措施,大大减少了元件数目,体积相应减小。

桥臂对管互锁是指在串联的桥臂上,上、下桥臂的驱动信号互锁,能够有效防止上、下臂同时导通。优化的门级驱动与 IGBT 集成,布局合理,无外部驱动线,抗干扰能力强。

第六节 IGBT 栅极驱动

一、栅极驱动电压

典型的 IGBT 栅极驱动电压为 15 V(1±10%)的正栅极电压,该电压足以使 IGBT 完全饱和。在任何情况下,+VGE 不应超出 12~20 V 的范围。为了保证不会因为噪声而误开通,故 -VGE 采用反偏压(-15~-5 V)作为关断电压。

分立元件构成 HCPL-316J 的 IGBT 驱动电路,D44VH 和 D45VH 组成图腾柱型直接驱动,如图 2-9 所示。当光耦输入 VG 控制信号时,Q_1 导通,晶体管 Q_2 截止,Q_1 导通并输出 +15 V 驱动电压。当输入控制信号为零时,Q_1 截止,Q_2 导通,输出 -10 V 电压。+15 V 和 -10 V 电源需靠近驱动电路,Q_1 负责向栅极充入正电荷,Q_2 负责向 IGBT 的栅极放电。两个 18 V 稳压管是为了正反双向稳压,防止输入的 +VG 和 -VG 超过 18 V。驱动电路输出端及电源地端至 IGBT 栅极和发射极的引线应采用双绞线,长度最好不超过 0.5 m。

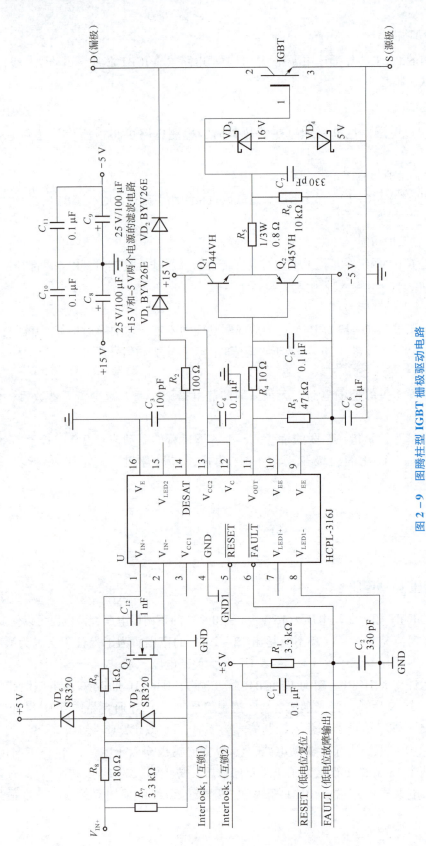

图 2-9 图腾柱型 IGBT 栅极驱动电路（Q_1 和 Q_2 组成图腾柱）

二、驱动电压的影响

表 2-1 为不同栅极控制电压时 IGBT 或 IPM 的导通情况。

表 2-1　不同栅极控制电压时 IGBT 或 IPM 的导通情况

控制电压 U_{GE}/V	IGBT 可能有的工作情况
0~4.0	(1) 与未加电源的状态一样； (2) 由于外部噪声可能导致误动作； (3) 电源电压欠压保护（UV）不动作，也没有输出
4.0~12.5	(1) 即使有控制输入信号，开关动作也会停止； (2) 电源电压欠压保护（UV）动作，有输出
12.5~13.5	(1) 开关可以动作，但在推荐范围外； (2) 违反了 IPM 规格书中的规定值，集电极功耗增加，温度上升
13.5~16.5	控制电压在正常范围内，IGBT 正常动作，是理想的驱动控制电压。
16.5~20.0	(1) 开关可以动作，但控制电压过高； (2) 违反了 IPM 规格书中的规定值，短路时的电流峰值大，可能超过硅片的耐量而使其损坏
20 以上	(1) IPM 内部的控制电路损坏； (2) IGBT 栅极部分损坏

三、IGBT 的一般驱动方式

1. 小功率的 IGBT 驱动

220 V AC 采用自举 IGBT 驱动，即采用高频脉冲变压器，直流电压驱动；400 V AC 采用简单光耦的新型自举 IGBT 驱动器。

2. 中等功率的 IGBT 驱动

400 V AC 采用自举供电的光耦；690 V AC 采用隔离的脉冲变压器以及复杂的 IGBT 驱动系统。

3. 大功率的 IGBT 驱动

采用隔离变压器的 IGBT 驱动。采用 U_{CE} 饱和压降进行过流检测和管理的 IGBT 驱动系统，包括软关断动作，以及分别采用不同的门极电阻进行开通和关断。

四、IGBT 驱动设计规则

IGBT 驱动设计规则如下。
(1) 采用合适的开通、关断电阻。
(2) 考虑过压和反向恢复电流。
(3) IGBT 门极和发射极的保护措施。
(4) 必须进行防静电处理。

(5) 上下桥臂 IGBT 的开通和关断延迟。

(6) 电路的保护措施：包括门极和发射极间的电阻（4.7~10 kΩ），双向稳压二极管（16.8~17.5 V），G 极和 E 极间加入小电容去掉振荡，且必须考虑上、下管同时导通的情况，因为 dv/dt 太高时，米勒电容会产生一个电流，而且还会改变集射极的电压，在门极和发射极中加入负电压进行关断可以避免这个问题。

第七节　IGBT 栅极驱动隔离

一、栅极光电隔离

IGBT 栅极的光电隔离方式如图 2-10 所示，DSP 微控制器（MCU）电路通过反向器或三极管驱动控制发光二极管，从而控制光电管的反向导通和截止，向 IGBT 栅极驱动电路提供控制电压。

例如，图腾柱推挽式输出 IC。发光管的阴极一侧接限流电阻，如图 2-10（a）所示。

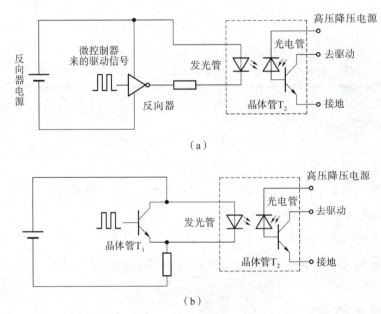

图 2-10　IGBT 栅极的光电隔离方式

(a) 光电管阴极一侧接限流电阻；(b) 光电管之间短路

又如，在晶体管之间将光电管之间短路，如图 2-10（b）所示，本例特别适合光耦合器"OFF"的情况。

IGBT 栅极的光电隔离结构是 DSP 驱动光电管，光敏管是驱动 IGBT 或 IPM 的输入部分。

图 2-11 为 IPM 模块典型栅极隔离电路，在 IPM 模块外围要有相应的电子元件才能保证正常工作。图 2-12 为 IPM 的电机驱动电路，可看出高压和低压电路之间全采用光隔离才能进行信息交换。

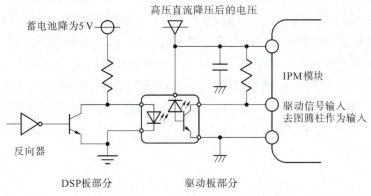

图 2-11　IPM 模块典型栅极隔离电路

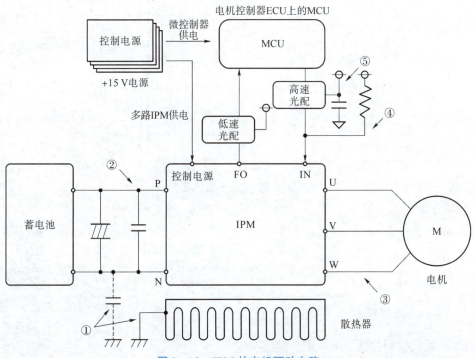

图 2-12　IPM 的电机驱动电路

在 IPM 中使用高压主回路和低压回路中的一些注意事项：低速光耦可用于故障输出端和制动输入端；位置①散热器可能和 N 侧一样接地；位置②平滑电容和薄膜电容应放在 IPM 附近；位置③三相输出不能接电容；位置④输入端子和光耦间配线应尽量短；位置⑤为了光耦稳定动作应加入电解电容或陶瓷电容。

二、栅极变压器隔离

在驱动设计中，稳定的电源是 IGBT 正常工作的保证。如图 2-13 所示，变压器电源采用正激变换，抗干扰能力较强，副边不加滤波电感，输入阻抗低，使 IGBT 在重负载情况下电源输出电压仍然比较稳定。

当电子开关 S（Swith）开通时，+12 V（为比较稳定的电源，精度很高）电压便加到与变压器原边和开关 S 相连的绕组，通过能量耦合使副边电压整流输出。当 S 断开时，通过二极管 VD_2 和其相连的绕组把磁芯的能量反馈到电源中，实现变压器磁芯的复位。555 定时器接成多谐振荡器，通过对 C_1 的充放电使脚 2 和脚 6 的电位在 4～8 V 之间变换，使引脚 3 输出电压方波信号，并利用方波信号来控制 S 的接通和断开。左侧 +12 V 经过 R_1、VD_1 给 C_1 充电，其充电时间 $t_1 \approx R_1 C_2 \ln 2$，放电时间 $t_2 = R_2 C_1 \ln 2$，充电时引脚 2 输出高电平，放电时引脚 2 输出低电平。所以 PWM 占空比 = $t_1/(t_1 + t_2)$。

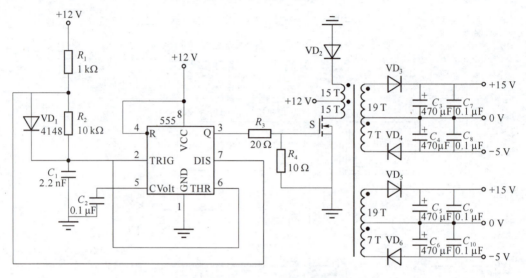

图 2–13　变压器电源隔离

第八节　IGBT 保护电路

微课 3　变压器电源隔离

一、IGBT 的失效机制

IGBT 的失效机制包括以下 4 点。

（1）机制 1：MOS 绝缘栅结构在高温情况下会失去绝缘能力。

（2）机制 2：由于硅芯片与铝导线之间热膨胀系数存在差异，因此当输出电流剧烈变化时，铝导线与硅芯片之间的接触面会形成热应力，从而造成裂纹，并会逐步导致铝线断裂。

（3）机制 3：由于处于芯片和散热铜底板间的陶瓷绝缘/导热片的热膨胀系数和散热铜底板的热膨胀系数不同，故当底板温度不断变化时，连接两种材料的焊锡层会形成裂纹，使其散热能力下降，进而导致 IGBT 温度过高而失效。

（4）机制 4：振动可能导致陶瓷片破裂，从而降低散热能力和绝缘能力。

IGBT 的失效机制是综合影响并同时发生的。例如，当 IGBT 输出大电流时，铝线会受到热应力，致机制 2 发生，同时芯片温度会上升，将热传导到底板，造成底板温度上升，从而激发机制 3；当温度过高时，会直接导致机制 1 的发生。此外，汽车运行工况所带来的颠簸振动，会导致机制 4 的发生。

汽车级电力电子模块重点改善功率循环和温度循环（温度冲击）所引起的失效机制。IGBT 的最大结温是 150 ℃，在任何情况下都不能超过该值。

二、IGBT 失效原因分析

1. 过热损坏

集电极电流过大引起的瞬时过热及其他原因（如散热不良导致的持续过热），均会使 IGBT 损坏。如果元件持续短路，由于芯片的热容量小，因此大电流产生的功耗将使其温度迅速上升，若芯片温度超过硅的本征温度（约 250 ℃），元件将失去阻断能力，栅极控制就无法保护，从而导致 IGBT 失效。当实际运行时，一般最高允许的工作温度为 130 ℃左右。

2. 超出关断安全工作区

超出关断安全工作区引起擎住效应而损坏。擎住效应分为静态擎住效应和动态擎住效应。

IGBT 为 PNPN 结构，体内存在一个寄生晶闸管，在 NPN 晶体管的基极与发射极之间有一个体区扩展电阻 R_s，P 型体内的横向空穴电流在 R_s 上会产生一定的电压降，对 NPN 的基极来说，相当于一个正向偏置电压。在规定的集电极电流范围内，这个正偏置电压不大，对 NPN 晶体管不起任何作用。

当集电极电流增大到一定程度时，该正向电压足以使 NPN 晶体管开通，进而使 NPN 和 PNP 晶体管处于饱和状态。于是，寄生晶闸管导通，门极失去控制作用，形成自锁现象，这就是静态擎住效应。在 IGBT 发生静态擎住效应后，集电极电流增大，产生过高功耗，导致元件失效。

产生动态擎住效应的原因主要是在元件高速关断时电流下降太快，dv/dt 很大，引起较大位移电流流过 R_s，产生足以使 NPN 晶体管开通的正向偏置电压，造成寄生晶闸管自锁。

3. 瞬态过电流

IGBT 在运行过程中所承受的大幅值过电流除短路、直通等故障外，还有续流二极管的反向恢复电流、缓冲电容器的放电电流及噪声干扰造成的尖峰电流。这种瞬态过电流虽然持续时间较短，但如果不采取措施，将增加 IGBT 的负担，也可能会导致 IGBT 失效。

4. 过电压

过电压会造成集电极 – 发射极间击穿，也会造成栅极 – 发射极间击穿。

三、IGBT 保护方法

IGBT 是电压控制型元件，在它的栅极 – 发射极间施加十几伏的直流电压，只有微安级的漏电流能够通过，基本上不消耗功率。但 IGBT 的栅极 – 发射极间存在着较大的寄生电容（几千至上万皮法），只有在驱动脉冲电压的上升及下降沿提供数安的充、放电电流，才能满足开通和关断的动态要求，这使得它的驱动电路也必须输出一定的峰值电流。额定值是 IGBT 和 IPM 模块运行的绝对保证，最大值是元件的极值，在任何情况下都不能超过其范围。

IGBT 的驱动保护包括栅极欠压、过流保护（包括短路保护）和过热保护。

1. 封锁栅极电压

封锁栅极电压是指不再控制 IGBT 导通。IGBT 作为一种大功率的复合元件，存在过流时可能发生锁定现象而造成损坏的问题。如果在过流时采用一般的速度封锁栅极电压，则过高的电流变化率会引起过电压，需要采用软关断技术，故掌握好 IGBT 的驱动和保护特性是十分必要的。

IGBT 的过流保护电路可分为两类：一是低倍数（1.2~1.5 倍）的过载保护；二是高倍数（可达 8~10 倍）的短路保护。

2. 过载（过流）保护

IGBT 能承受很短时间的短路电流，能承受短路电流的时间与该 IGBT 的导通饱和压降有关，且时间随着饱和导通压降的增加而延长。如果饱和压降小于 2 V 的 IGBT 允许承受的短路时间小于 5 μs，而饱和压降 3 V 的 IGBT 允许承受的短路时间可达 15 μs，则 4~5 V 时持续时间可达 30 μs 以上。存在以上关系是由于随着饱和导通压降的降低，IGBT 的阻抗也降低，短路电流同时增大，短路时的功耗随电流的平方加大而加大，造成承受短路的时间迅速减小。

对于过载保护不快速响应的问题，可采用集中式保护，即检测输入端或直流环节的总电流，当此电流超过设定值后比较器翻转，封锁所有 IGBT 驱动器的输入脉冲，使输出电流降为零。这种过载电流保护一旦动作，要通过复位才能恢复正常工作。

1) 过流保护措施

通常采取的过流保护措施有软关断和降栅压。

(1) 软关断是指在过流和短路时，直接关断 IGBT。但是软关断抗骚扰能力差，一旦检测到过流信号就关断，很容易发生误动作。为增加保护电路的抗骚扰能力，可在故障信号与起动保护电路之间增加延时，不过故障电流会在这个延时内急剧上升，大大增加功率损耗，同时还会导致器件的 di/dt 增大。因此，往往是保护电路起动了，元件仍然损坏。

(2) 降栅压是指在检测到元件过流时，马上降低栅压，但元件仍导通。降栅压后设有固定延时，故障电流在这一延时内被限制在一较小值，即降低了故障时元件的功耗，延长了元件抗短路的时间，而且能够降低元件关断时的 di/dt，对元件保护十分有利。若延时后故障信号依然存在，则关断元件，故障信号消失，驱动电路可自动恢复正常工作状态，大大增强了抗骚扰能力。

上述降栅压的方法只考虑了栅压与短路电流大小的关系，但在实际过程中，降栅压的速度也是一个重要因素，它直接决定了故障电流下降的 di/dt。慢降栅压技术就是通过限制降栅压的速度来控制故障电流的下降速率，从而抑制元件的 dv/dt 和 U_{CE} 的峰值。

2) 短路检测方式

一般的短路检测方式是电流传感法或 IGBT 欠饱和保护。

如图 2-14 所示，图中 6 个二极管为电动机发电时的续流二极管，总线（直流母线）电流传感器（Bus Current Sensor）一般为霍尔式或互感器式。当过流电流超过比较器（Comparator）的设定电流时，锁存器（Latch）工作，并向栅极控制电路的停止功能（Disable）端发送 6 个关闭 IGBT 的六路正弦波信号（PWM Signals），使 6 个 IGBT 锁止从而不输出电流，Latch 内的存储内容被 Clear 信号清除。

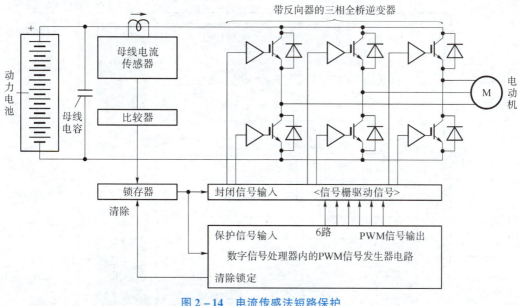

图 2-14 电流传感法短路保护

第九节 IPM 的保护与驱动

一、IPM 的保护方法

图 2-15 为 IPM 内部工作原理。如果 IPM 中有一种保护电路工作，则 IGBT 就关断并输出一个故障信号。

1. 控制电源欠压锁定（UV）

欠（低）电压（Under Voltage，UV）。如果某种原因导致控制电压符合欠压条件，则该功率元件会关断 IGBT 并输出故障信号。如果毛刺电压干扰时间小于规定的 Td（UV），则不会出现保护动作。

2. 过温保护（OT）

过温（Over Temperature，OV）。在绝缘基板上安装有温度探头或测温二极管，如果超过数值，IPM 会截止栅极驱动，直到温度恢复正常（应避免反复动作）。

3. 过流保护（OC）

过流（Over Current，OC）。如果 IGBT 的电流超过 OC 数值，并大于时间 Toff（OC），则典型值为 10 μs，IGBT 被关断；如果超过 OC 数值，但时间小于 Toff（OC）的电流，则并无大碍，故 IPM 不予处理。当检测出过电流时，IGBT 会被有效地软关断。

4. 短路保护（SC）

短路（Short Circuit，SC）。当发生负载短路或上、下臂直通时，IPM 立即关断 IGBT 并输出故障信号。

注： 过流采样和短路采样为同一回路。

新型 IPM 采用了实时电流检测（Real Time Current，RTC）技术，使响应时间小于 100 ns。

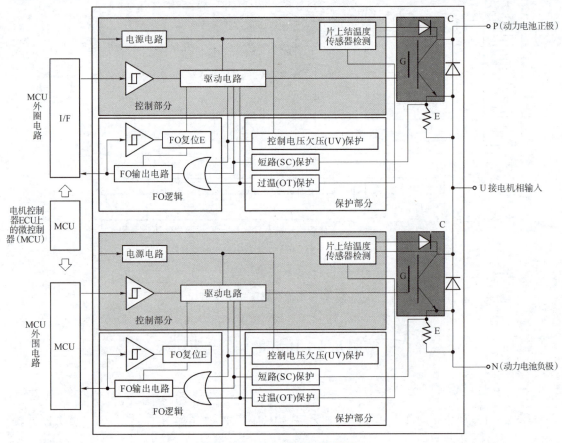

图 2-15 IPM 内部工作原理

避免重复故障而导致结温升高损坏 IPM，系统可通过检测 Toff 时间长度来确定是过流还是短路引起（1.8 ms），过温时间会较长。过温复位一般要等基板冷却到 OT 限值以下，需要几十秒钟。

二、IPM 驱动

图 2-16 为 IPM 外部光电隔离驱动电路和引脚连接示意。HCPL4504 为驱动光耦，PC817 是 IPM 故障反馈光耦。图中引脚 2 为 5 V 电源输出，给 R_2 电阻供电；引脚 3 为经 HCPL4504 为驱动光耦转化后的 PWM 驱动信号输入；C_1 为 5 V 电源输出的滤波；引脚 4 为向外（向左）流出电流的接地，与 HCPL4504 的输出共地；引脚 5 为向内（向右）流入电流。IPM 识别出故障后，图中 15 V 电经 3.9 kΩ 电阻和发光二极管流入引脚 5。左侧 3.3 V 的电源经 10 kΩ 电阻和光敏三极管后接地。

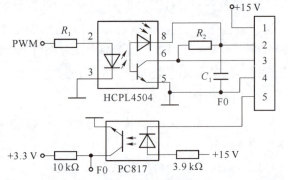

图 2-16 IPM 外部光电隔离驱动电路和引脚连接示意

三、IPM 引脚

IPM 的外部引脚和内部引脚是不同的，如表 2-2 所示。

表 2-2 IPM 的引脚功能

引脚	外部引脚	内部引脚
1	外接 +15 V	VN1/VP1（N 为下桥管，P 为上桥管）
2	+5 V（来自 IPM，给光耦供电）	SNR/SPR（N 为下桥管，P 为上桥管）
3	PWM（经光耦转化后的 PWM）	CN1/CP1（N 为下桥管，P 为上桥管）
4	地 GROUND	VNC/VPC（N 为下桥管，P 为上桥管）
5	FAULT OUTPUT（FO）输出	FN0/FP0（N 为下桥管，P 为上桥管）

如图 2-17 所示，VP1 为上桥电源，FP0 为上桥故障输出，SPR 为 +5 V 电源由内部芯片向外输出，CP1 为上桥 PWM 驱动输入，VPC 为外部接地。在内部芯片中 VCC 是电源，TEMP 是温度传感器的输入（本功能未画出），OUT1 和 OUT2 通过三态门和电阻驱动 IGBT 的 G 极。SENS 用来检测是否过流或 CE 是否短路。SINK 用来释放 IGBT 的 G 极电荷，从而关闭 IGBT。TEMP、SENS 和 VCC 也分别为过温、过流（或短路）和欠压的输出端口。一旦有故障，FO 就是故障输出。

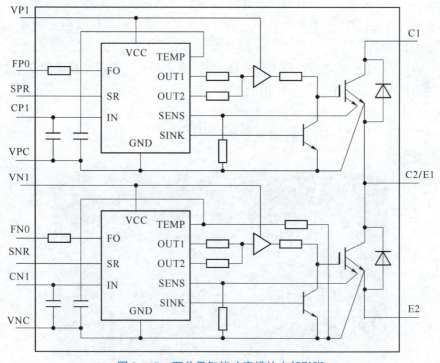

图 2-17 两单元智能功率模块内部引脚

第十节 IGBT 的使用和检查

一、使用注意事项

IGBT 是逆变器中最容易损坏的部分。由于 IGBT 模块为 MOSFET 结构，故 IGBT 的栅极通过一层氧化膜与发射极实现电隔离。由于此氧化膜很薄，故其击穿电压一般为 20~30 V。因此，因静电而导致栅极击穿是 IGBT 失效的常见形式之一。

在使用 IGBT 时要注意以下几点。

当使用 IGBT 时，尽量不要用手触摸驱动端子部分，若必须触摸模块端子，则要先将人体或衣服上的静电用大电阻接地进行放电后再触摸；当用导电材料连接模块驱动端子时，在配线未接好前先不要接通模块；尽量在底板良好接地的情况下操作。在应用中虽然保证了栅极驱动电压不超过栅极最大额定电压，但栅极连线的寄生电感和栅极与集电极间的电容耦合也会产生使氧化层损坏的振荡电压。因此，通常采用双绞线来传送驱动信号，以减少寄生电感。在栅极连线中串联小电阻也可以抑制振荡电压。

此外，在栅极–发射极间开路时，若在集电极与发射极间加上电压，则随着集电极电位的变化，由于集电极有漏电流流过，则栅极电位升高，集电极也有电流流过。这时，如果集电极与发射极间存在高电压，则有可能使 IGBT 发热以致损坏。

在使用 IGBT 的场合，当栅极回路不正常或栅极回路损坏时（栅极处于开路状态），若在主回路上加上电压，则 IGBT 就会损坏。为防止此类故障，应在栅极与发射极之间串联一只 10 kΩ 左右的电阻。

在安装或更换 IGBT 模块时，应十分重视 IGBT 模块与散热片的接触面状态和拧紧程度。为了减少接触热阻，最好在散热器与 IGBT 模块间涂抹导热硅脂，如图 2-18 所示。安装时应受力均匀，避免用力过度而损坏。一般逆变器的底部为水道，当水循环泵损坏或发动机舱前部的冷却风扇不转时将导致 IGBT 模块发热而发生故障，逆变器的过热保护措施会使电机工作电流时有时无。

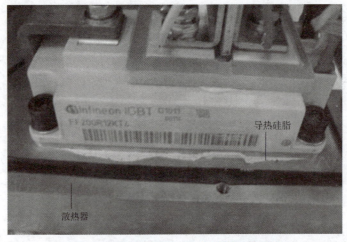

图 2-18 散热器和 IGBT 间使用导热硅脂

IPM 和散热器间应涂抹使用温度范围大且长期稳定、优良的热传导硅脂。为了填补 IPM 和散热器间弯曲的缝隙，应均匀涂抹，厚度标准为 150 μm（推荐的厚度范围为 100~200 μm）。

二、IGBT 过载使用

IGBT 过载使用，一般不会炸开。如果因为过电压、过电流或触发的紊乱而炸裂，则是变频器的质量问题。

一般采用 IGBT 作为整流或者逆变电路的功率器件里面都有对元件的自诊断和自保护功能。大多数情况会自动封锁功率元件。例如，若将变频器的输出短路，然后上电，它会立即上报故障。其保护的速度比快速熔断器还要快。IGBT 不怕短路，但是害怕过热（过载），如果过载使用，IGBT 自身就没有保护（变频器对它的热保护也是比较薄弱的），故需要注意其散热条件、环境温度、长期连续的工作电流选择和限制。

三、正常 IGBT 管极性判断

将万用表拨在 $R \times 1\ \text{k}\Omega$ 挡，当用万用表测量时，若某一极与其他两极阻值为无穷大，调换表笔后该极与其他两极的阻值仍为无穷大，则判断此极为栅极（G）。再用万用表测量其余两极，若测得的阻值为无穷大，调换表笔后测量阻值较小，则判断红表笔接的为集电极（C），黑表笔接的为发射极（E）。

四、有故障 IGBT 的检测

IGBT 管的好坏可用指针万用表的 $R \times 1\ \text{k}\Omega$ 挡来检测。检测前先将 IGBT 管的 3 只引脚短路放电，避免影响检测的准确度；然后用指针万用表的两支表笔正、反测 G、E 两极及 G、C 两极的电阻，正常的 IGBT 管的 G、C 两极与 G、E 两极间的正、反向电阻均为无穷大；当内含阻尼二极管的 IGBT 管正常时，E、C 极间均有 4 kΩ 正向电阻。

最后用指针万用表的红笔接 C 极，黑笔接 E 极，若测量值在 3.5 kΩ 左右，则所测管为含阻尼二极管的 IGBT 管；若测量值在 50 kΩ 左右，则所测 IGBT 管内不含阻尼二极管。对于数字万用表，在正常情况下，IGBT 管的 C、E 极间正向压降约为 0.5 V。

综上所述，内含阻尼二极管的 IGBT 管检测除上述以外，其他连接检测的读数均为无穷大。若测得 IGBT 管的 3 个引脚间电阻均很小，则说明该管已击穿损坏。在维修中，IGBT 管多为击穿损坏。若测得 IGBT 管的 3 个引脚间电阻均为无穷大，则说明该管已开路损坏。

五、逆变器短路原因

1. 直通短路桥臂

某一个元件（包括反并联的二极管）损坏，控制或驱动电路故障，以及干扰引起驱动电路误触发，均会造成一个桥臂中两个 IGBT 同时开通。

直通保护电路必须有非常快的速度，在一般情况下，如果 IGBT 的额定参数选择合理，则 10 μs 之内的过流就不会损坏元件，所以必须在这个时间内关断 IGBT。母线电流检测用霍尔传感器，其响应速度快，是短路保护检测的最佳选择。将检测值与设定值比较，一旦超过设定值，则马上输出保护信号封锁驱动，同时用触发器构成记忆锁定保护电路，以避免保护电路在过流时的频繁动作。

2. 负载电路短路

在某些升压变压器输出的场合，存在副边短路的情况。

3. 逆变器输出直接短路

在逆变器输出的场合，存在三相交流电压供电线间直接短路的情况。

第三章

电动汽车电机

小林在高中学习过直流有刷电机的原理,但电动汽车的电机是永磁同步直流无刷电机或交流异步感应电机,小林很想了解这些内容。

(1) 能说出汽车交流异步电机定子、转子的材料、结构和工作原理。
(2) 能说出汽车永磁同步电机定子、转子的材料、结构和工作原理。
(3) 能进行电机定子线圈三相电感是否功率平衡的测量。
(4) 能进行电机定子线圈与电机壳体是否短路的测量。

第一节　简单直流电机

一、简单直流有刷电机

直流有刷电机的工作原理如图3-1所示。若在 A、B 之间外加一个直流电源,A 接电源正极,B 接负极,则线圈中有电流流过。当线圈处于图3-1(a)所示位置时,有效边 ab 在 N 极下,cd 在 S 极上,两边中的电流方向为 a→b,c→d。由安培定律可知,ab 边和 cd 边所受的电磁力 $F = BLI$,式中 I 为导线中的电流,单位为安(A)。根据左手定则可知,两个 F 的方向相反,如图3-1(b)所示,形成的电磁转矩驱使线圈逆时针方向旋转。当线圈转过180°时,cd 边处于 N 极下,ab 边处于 S 极上。由于换向器的作用,使两有效边中电流的方向与原来相反,变为 d→c,b→a。这就使得两磁极对应的有效边电流的方向保持不变,因受力方向和电磁转矩方向都不变,电机转子得以顺利转动。但 abcd 中线圈的电流方向是变化的,电流是矢量,所以通过 abcd 线圈的是交变电流。

二、直流有刷电机的大功率问题

电机换向器如图3-2所示,分为端面布置电刷和径向布置电刷的换向器,换向时由于换流容量过大,会烧毁换向器和电刷,严重时将导致换向器上出现环火。有刷电机功率一般在10 kW以内,换向器引起转矩波动,限制了电机的转速,并给电刷带来摩擦与射频干扰(RFI)。另外,由于磨损和断裂,换向器和电刷需定期维护。这些缺点使其可靠性较低且不适用于免维护工作,从而限制了它们在电动汽车驱动领域的广泛应用。

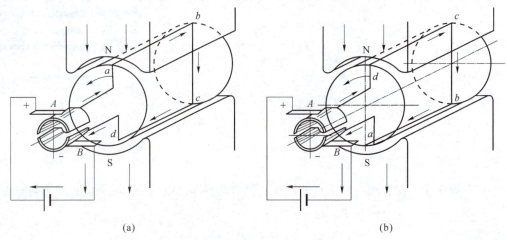

图3-1 直流有刷电机的工作原理

(a)线圈原来的位置;(b)线圈超过180°的位置

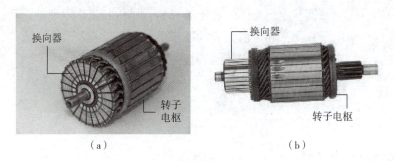

图3-2 电机换向器

(a)端面布置电刷的换向器;(b)径向布置电刷的换向器

电动汽车的功率为几十千瓦到几百千瓦,我们只能采用电力电子换向的永磁直流无刷电机或永磁直流同步无刷电机,由于同步无刷扭矩输出更平稳,故轿车使用同步无刷电机。

三、有刷变无刷的条件

直流电机之所以称为直流电机,是因为其电源是直流电;交流电机之所以称为交流电机,是因为其电源是交流电。无论是直流电机还是交流电机,线圈内部电流的方向都是变化的。

有刷电机工作的条件如下。

(1)把电机转子放在电机内部,采用永磁体,定子线圈放在外部,采用电子开关实现交流换向。

(2)转子上需要加装转子位置和转速传感器,电机变频器根据转子位置,通过控制开关管的导通与截止,实现对线圈的电子换向,使电机转子能顺利转动。

(3)定子线圈能够根据位置传感器在换向点处把电流换向,使电机能顺利转动。

第二节　永磁直流同步无刷电机

在电动汽车的电机中，永磁直流同步无刷电机因其效率（>95%）大于感应电机，故其在高、中、低档电动轿车中被优先采用。

一、永磁直流无刷电机的优点

图3-3为电动汽车专用三相永磁同步直流无刷电机的转子和定子，其优点如下。

(1) 电机转子由高磁能永磁材料制成，对于给定的输出功率，它能够减小质量和体积，使得功率密度提高。

(2) 转子为永磁体，而铁损小于感应电机的转子，其效率远高于感应电机。

(3) 电机发热主要集中在定子上，且易于采取散热措施。

(4) 永磁体没有其他励磁制造缺陷、过热或机械损坏的限制，因而可靠性较高。

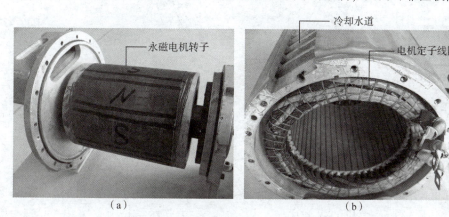

图3-3　电动汽车专用三相永磁同步直流无刷电机的转子和定子
(a) 转子；(b) 定子

二、永磁电机的分类

(1) 永磁电机按有无电刷可分为永磁直流有刷电机和永磁直流无刷电机。

永磁直流无刷电机主要用于驱动电动汽车行驶。永磁直流有刷电机在汽车上多用于小功率的电机，从小功率到大功率排列，如观后镜摆动电机、玻璃升降用电机、油泵电机、空调鼓风机电机、冷却风扇电机和起动机。轿车起动机的功率一般在2 kW左右。

(2) 永磁无刷电机按输入电机接线端的电压（不是电流）波形可分为正弦波电机和矩形波电机。

当通入电机的电压信号为正弦波时，由于电磁力F和力臂L之间的反向补偿，电机转动一周产生的转矩基本是恒定的，波动最小，通常用在控制要求较高的场合。

当输入电机的电压波为矩形波时，由于电磁力F恒定，故力臂L是变化的，不能进行反向补偿，使得电机转动一周产生的转矩是交变的，且波动较大，通常用在控制要求不高的场合。

三、三相直流无刷电机

1. 原始三相直流无刷电机基本结构

如图 3-4 所示,原始三相直流无刷电机是在电机基础上,由定子和转子同步加倍做成的,这就相当于多缸发动机是在单缸发动机的基础上制成的。这里极数 P 相当于活塞个数,而一个活塞的配气机构由 3 个定子磁极构成。

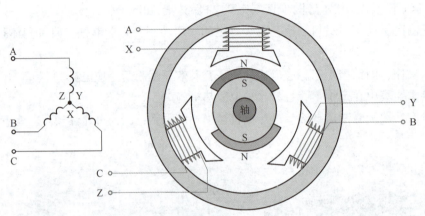

图 3-4 最简单的原始三相直流无刷电机(A、B、C_1 对应 U、V、W)
(槽数 $Z=3$,极数 $2P=2$,相当于单缸发动机)

微课 4 三相直流无刷电机

2. 加倍降波动

为了降低电机转子的转矩波动,通常要将定子相数和转子的磁极数加倍,在两倍(相当于两缸发动机)原始电机的 A 相中,A_1X_1 和 A_2X_2 串联在一起构成 A 相,且通电时会同时产生磁通,如图 3-5 所示。

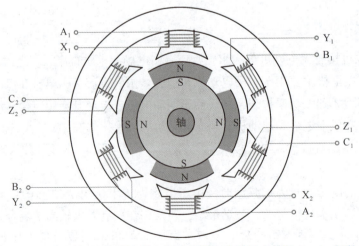

图 3-5 定子极数和转子极数量加倍,相当于两缸发动机(槽数 $Z=6$,极数 $2P=4$)

第三节　电动汽车感应电机

感应电机也称为交流异步电机或异步机，因其效率低（一般效率在75%~80%）、体积大、质量高，一般只应用在电动卡车或客车上。

感应电机的优点为成本低和可靠性高，所以在电动汽车电池电量足够大时，也可采用感应电机。

一、感应电机种类

交流感应电机有两种类型，即绕线转子式感应电机和鼠笼式感应电机。

由于绕线转子式感应电机的成本高、需要维护且缺乏坚固性，故没有鼠笼式感应电机应用广泛，或者说在电动汽车的电力驱动中根本无法应用绕线转子式感应电机。

鼠笼式感应电机简称感应电机。感应电机驱动除了具有无换向器电机驱动的共同优点外，还具有成本低、坚固等优点。这些优点超过了其控制复杂的缺点，推动了感应电机在电动汽车驱动中的广泛应用。

二、感应电机结构

电动汽车的感应电机在原理上与工业变频感应电机基本相同。然而，这种电机的结构需要专门设计，不能直接将工业电机应用于电动汽车。

交流感应电机的结构分为定子结构、转子结构和接线端子结构，部分交流感应电机还有风扇。

1. 定子结构

汽车专用感应电机定子如图3-6所示，定子铁芯采用更薄的硅钢片叠成，电机定子线圈的绝缘等级较高，电机的电压等级需合理地采用高电压和低电流的设计，以减少功率逆变器的成本和体积。铸铝或铸铁机壳内部采用水套，制成水冷电机。通常电机定子采用铸铝机座来减小电机总质量，且定子壳体密封性要好，以防止进水。

图3-6　汽车专用感应电机定子

2. 转子结构

图 3-7 为感应电机转子实物和结构。

（1）转子铁芯由薄硅钢片叠加而成，以减少铁损。

（2）由于电机转速较工业电机高，所以要求转子的动平衡度较高，同时轴承质量也较好。

电动汽车电机在爬坡时要求低转速、高转矩，续航时要求高转速、低转矩，车辆超车时要求具有瞬时超负载能力。

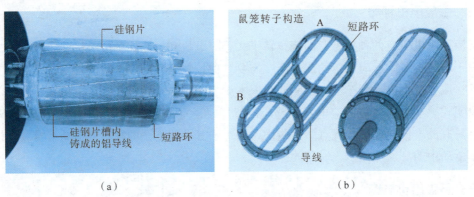

图 3-7 感应电机转子实物和结构

(a) 实物；(b) 结构

三、感应电机定子的接线端子

当用感应电机作为电动汽车电机时，接线端子有 U、V、W，并设有保护地线。

【专业指导】感应电机的接线端子有星形（Y）和三角形（△）两种。图 3-8 (a) 所示为常见的一个 Y 连接的电机，汽车电机无传统工业电机的壳体接地保护（见图 3-8 (b)）。电机壳体与车身间为等电位，即两者的金属导通，电机定子线圈和车身间采用绝缘检测。一旦检测到三相定子和壳体间漏电，则仪表就会绝缘报警，同时电池箱内部的上电继电器会断开，起到保护作用。

(a)

(b)

图 3-8 工业电机示例

(a) 工业感应电机的 Y 接线；(b) 工业电机左下角电机壳体接地点（墨色线）

第四节 电动汽车电机铭牌

交流感应电机和直流永磁电机的电机铭牌是有区别的。图3-9为传统三相异步电动机铭牌，图3-10为电动汽车三相永磁同步电机铭牌。

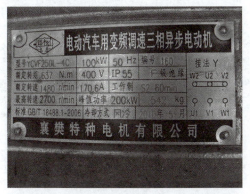

图3-9 传统三相异步电动机铭牌

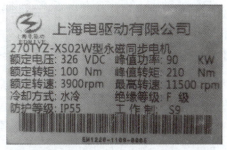

图3-10 电动汽车三相永磁同步电机铭牌

电机的标准规范具体如下。

1. 型号

型号是表示产品性能、结构和用途的代号，如YCVF250L-4C中"Y"表示Y系列鼠笼式异步电机（"YR"表示绕线转子式异步电机），"VF"表示变频电机，"250"表示电机的中心高为250 mm，"L"表示长机座（"M"表示中机座，"S"表示短机座），"4"表示4极电机。

2. 额定功率

在额定运行（指电压、频率和电流都为额定值）状态下，电机轴上输出的机械功率为电机的额定功率。

3. 额定电压

电机在额定运行状态下的线电压为电机的额定电压。一般规定电机的电压不得高于或低于额定值的5%。

例如，当三相定子绕组可有两种接法时，就标有两种相应的额定电压值；当电压高于额定值时，励磁电流将增大，铁损增加，绕组有过热现象；当电压低于额定值时，在电机满载的情况下会引起转速下降、电流增加，使绕组过热。当电压过低时，电机最大转矩也会显著降低。

【专业指导】若电动汽车电机转矩变化范围大，则大多数情况为没有工作在额定电压下。

4. 额定电流

额定电流指电机在额定电压、额定频率和额定负载下运行时，三相定子绕组中通过的线电流，单位为安（A）。由于定子绕组的连接方式不同，故额定电压不同，电机的额定电流也不同。

例如，一台额定功率为 10 kW 的三相异步电机，当其绕组为 △ 连接时，额定电压为 220 V，额定电流为 68 A。当其绕组为 Y 连接时，额定电压为 380 V，额定电流为 39 A。也就是说，铭牌上标明接法为 △/Y，额定电压 220 V/380 V 和额定电流 68 A/39 A。

【专业指导】若电动汽车电机转矩变化范围大，则大多数情况为没有工作在额定电流下。

5. 额定频率

额定频率是指电机所接交流电源的频率，我国发电厂生产的交流电，频率为 50 Hz。当频率降低时，转速降低，定子电流增大。

【专业指导】若电动汽车电机转矩变化范围大，则大多数情况为没有工作在额定功率下。

6. 额定转速

额定转速是指电机在额定电压、额定频率和额定负载下运行时，转子每分钟的转数，单位为 r/min，其值略低于同步转速。

【专业指导】若电动汽车电机转矩变化范围大，则大多数情况为没有工作在额定转速下。

7. 接法

接法是指电机在额定电压下定子绕组的接线方式，一般有 Y 和 △ 两种接法。在电动汽车中只有 Y 接法，且没有保护接地。

8. 绝缘等级

绝缘等级是指根据绕组所用的绝缘材料，按照它的允许耐热程度规定的等级。中小型异步电机的绝缘等级有 A（耐温 105℃）、E（耐温 120 ℃）、B（耐温 130 ℃）、F（耐温 155 ℃）和 H（耐温 180 ℃）。

电机的工作温度主要受绝缘材料的限制。若工作温度超出绝缘材料所允许的温度，则绝缘材料就会迅速老化，其使用寿命将大大缩短。当修理电机时，所选用的绝缘材料应符合铭牌规定的绝缘等级。当电动汽车电机的绝缘材料损坏时，一般是直接更换。

9. 温升

温升是指电机长期连续运行时的工作温度比周围环境温度高出的数值。我国规定周围环境的最高温度为 40 ℃。例如，若电机的允许温升为 65 ℃，则其允许的工作温度为 (65 + 40)℃ = 105 ℃。电机的允许温升与所用绝缘材料等级有关。电机运行中的温升对绝缘材料的使用寿命影响很大，理论分析表明，电机运行中绝缘材料的温度比额定温度每升高 8 ℃，其使用寿命将缩短一半。

【专业指导】电动汽车采用液冷方式，打开点火开关后，电动水泵强制对冷却液进行循环，由于电机与变频器、DC/DC、车载充电机采用一个串联的冷却循环水路，变频器、DC/DC、车载充电机的最高工作温度一般在 65~70 ℃，散热器风扇起动转动进行散热，所以电机的实际工作温度远低于其允许的最高值。

10. 工作定额

电机的工作定额也称为电机的工作制,用于表明电机在不同负载下的允许循环时间。工作制分为 S1~S10 级,允许的循环包括起动、电制动、空载、断能停转和这些阶段的持续时间和先后顺序。电机的工作制分以下 10 类。

(1) S1 连续工作制。在恒定负载下的运行时间足以达到热稳定,即按铭牌上规定的功率长期运行,如水泵、通风机和机床设备上电机的使用方式都是连续工作制。

(2) S2 短时工作制。在恒定负载下按给定的时间运行,该时间不足以达到热稳定,随之即断电停转足够时间,使电机再度冷却到与冷却介质温度之差在 2 ℃ 以内。

(3) S3 断续周期工作制。按一系列相同的工作周期运行,每一周期包括一段恒定负载运行时间和一段断电停转时间。这种工作制中的每一周期的起动电流不会对温升产生显著影响,如吊车和起重机等设备上用的电机就是断续运行方式。

(4) S4 包括起动的断续周期工作制。按一系列相同的工作周期运行,每一周期包括一段对温升有显著影响的起动时间、恒定负载运行时间和断电停转时间。

(5) S5 包括电制动的断续周期工作制。按一系列相同的工作周期运行,每一周期包括起动时间、恒定负载运行时间、快速电制动时间和断电停转时间。

(6) S6 连续周期工作制。按一系列相同的工作周期运行,每一周期包括恒定负载运行时间和空载运行时间,但无断电停转时间。

(7) S7 包括电制动的连续周期工作制。按一系列相同的工作周期运行,每一周期包括起动时间、恒定负载运行时间和快速电制动时间,但无断电停转时间。

(8) S8 包括变速变负载的连续周期工作制。按一系列相同的工作周期运行,每一周期包括在预定转速下恒定负载运行时间和在不同转速下的其他恒定负载的运行时间,但无断电停转时间。

(9) S9 负载和转速非周期性变化工作制。负载和转速在允许的范围内变化的非周期工作制。这种工作制包括经常过载,其值可远远超过满载。

【专业指导】在电动汽车的电机中,多采用 Sq 工作制。

(10) S10 离散恒定负载工作制。S10 离散恒定负载工作制指包括不少于 4 种离散负载值(或等效负载)的工作制,每一种负载的运行时间应足以使电机达到热稳定,在一个工作周期中的最小负载值可为零。

11. 额定功率因数

额定功率因数是指电机在额定输出功率下,定子绕组相电压与相电流之间相位角的余弦,一般为 0.70~0.90。当电机空载运行时,功率因数约为 0.2。功率因数越高的电机,其发、配电设备的利用率越高。

12. 额定效率

对电机而言,输入功率与输出功率不等,其差值就等于电机本身损耗的功率,包括铜损、铁损和机械损耗等。效率是指输出功率与输入功率的比值,即通常为 75%~92%。电机的损耗越小,效率就越高。

13. 转子电压

转子电压是指当仅对绕线式异步电机的定子绕组加有额定电压,转子不转动时两个滑环间的电压。

【专业指导】电动汽车中不采用绕线式异步电机。

14. 转子电流

转子电流是指绕线式异步电机工作在额定功率时的转子电流。

15. 起动电流

起动电流是指电机在起动瞬间的电流，常用它与额定电流之比的倍数来表示。异步电机的起动电流一般是额定电流的 4~7 倍。

16. 起动转矩

起动转矩是指电机起动时的输出转矩，常用它与额定转矩之比的倍数来表示，一般是额定转矩的 1.0~1.8 倍。

【专业指导】在电动汽车中，起动转矩的大小由加速踏板被踏下的深度决定，由变频器来实现。

17. 质量

质量是指电机本身的质量，供起重搬运时参考。

【专业指导】在电动汽车中，为了减重通常采用铝作为壳体，以增加散热效果，由于采用液冷方式，故实车上定子增加了防冻液的质量。

第五节 电机种类及电动汽车对电机的要求

一、电机种类

电机根据电源的幅值和频率是否变化分为非控制电机和控制电机。电机直接接到直流电源就称为直流电机，直接接到交流电源就称为交流电机，它们被称为非控制电机。经过电力电子换流元件（变频器）对目标电流或转速进行控制的电机称为控制电机。

【专业指导】"控制"是指是否有电力电子换流过程，而不是电力拖动中的开关或继电器控制，这个要区分开，因为电力拖动中的开关或继电器控制并没有改变电源的频率和幅值。

1. 非控制电机

非控制电机是指电源特征（幅值和频率）不发生变化的电机，工作机械特性只取决于负载阻力的大小。

例如，电机的端电压 $u = A\sin(\omega t + \varphi)$，在我国有三相电机和单相电机，我国工频电为 50 Hz，$\omega = 100\pi$，线电压为 380 V，相电压为 220 V，故

三相电机： $u = 380\sin(100\pi t + \varphi)$

单相电机： $u = 220\sqrt{2}\sin(100\pi t + \varphi)$

由于电压幅值 A 不变，工频的角频率 ω 不变，初始角 φ 不确定，故整个电机的机械特性取决于电机的负载大小，即驱动电机。

2. 控制电机

控制电机是指经变频器控制后输出幅值和频率发生变化的电机，其工作机械特性不仅取决于负载阻力的大小，也取决于控制输出。

控制电机的端电压仍为 $u = A\sin(\omega t + \varphi)$，电动汽车为三相电机，电机端电压随以下参数变化而变化。

（1）电压幅值 A：幅值 A 是变值。

（2）角频率 ω：ω 可以从 0 调节到几百赫兹。

（3）初始角 φ：φ 为确定值，是指定子在对电机转子进行初始定位后，电机定子从 φ 为零开始正式驱动。

整个电机的机械特性取决于电机控制目标的大小，即控制电机。

汽车上典型的控制电机应用有 3 种：一是电动汽车的驱动用电机；二是一部分传统汽车采用的电动转向助力电机采用了无刷形式；三是电动汽车空调用驱动电机。

二、电动汽车对电机的要求

电动汽车的驱动电机与常规的工业驱动电机不同。电动汽车的驱动电机通常要求频繁的起动/停车、加速/减速，低速或爬坡时要求高转矩，高速行驶时要求低转矩，且变速范围较大。而工业驱动电机通常优化在额定的工作点。因此，电动汽车驱动电机比较独特，应单独归为一类，它们在负载、技术性能和工作环境等方面有着特殊的要求，具体如下。

（1）过载能力要强。电动汽车驱动电机需要有 4～5 倍的过载，以满足短时加速或爬坡的要求，而工业驱动电机只要有 2 倍的过载就可以了。

（2）基速比较大。电动汽车的最高转速要求达到在公路上续航时基本速度的 4～5 倍。而工业驱动电机只需要达到恒功率是基本速度的 2 倍即可。基速比是最高电机转速和恒转矩控制时的最高转速（基本速度）之比，日本汽车电机可达 5～7 倍，甚至更高。

（3）设计目标要求高。电动汽车驱动电机需要根据车型和驾驶员的驾驶习惯设计，而工业驱动电机只需根据典型的工作模式设计即可。

（4）功率密度要高。电动汽车驱动电机要求有高功率密度（一般要求达到 1 kg/kW 以上）和好的效率图（在较宽的转速范围和转矩范围内都有较高的效率），从而能够降低车重，延长续驶里程，而工业驱动电机通常对功率密度、效率和成本进行综合考虑，在额定工作点附近对效率进行优化。

（5）可控性要好。电动汽车驱动电机要求工作可控性高、稳态精度高（转速误差小）、动态性能好（加、减速响应快），而工业驱动电机只有某一种特定的性能要求。

（6）工作环境要求高。电动汽车驱动电机被装在机动车上，空间小，热量多，要有专门的水冷却循环。且由于工作在外界环境中，防尘和防水等级要求高，一般为 IP55。另外，因为工作在频繁振动等恶劣环境下，所以可靠性要求高。工业驱动电机通常在某一个固定的位置工作。

第四章

电机控制传感器

三相电机变频器通入三相交流电就能工作,为什么还要在电机中设置检测电机转子位置和转速的传感器?另外,变频器内部为什么还要设置电流传感器?

(1) 能说出旋转变压器的材料、结构,并说明位置及转速检测如何实现。
(2) 能说出直流电流传感器的结构,并说明电流检测如何实现。

第一节 电机转子磁极定位

一、电机转子磁极定位

电动汽车的电机转动方向由驾驶员的换挡杆控制,当位于 D 挡时,电机正转,车辆前进;当位于 R 挡时,电机反转,车辆后退;位于 N 挡时,电机停转。

永磁电机转子的转动方向与转子在定子中的位置有关,即使变频器功率管的换相信号每次输出的三相电压的相位相同,电机也会出现与驾驶员的要求不同的情况,如当换挡杆位于 D 挡时,仍会出现电机反转车辆后退的情况。

为防止上述情况的发生,要在定子中通入一个瞬间电流,让电机的定子产生一个固定的空间磁场,这时永磁转子会受到定子磁场力的作用,找到一个与定子线圈相对固定的位置,在这个固定的位置上,变频器再根据换挡杆位于 D 挡还是 R 挡进行控制。

电机在每次停转之后到起动过程都要进行一次转子定位,转子定位是否成功可由电机转子位置传感器的状态得出。

二、电机转子位置识别

电机起动时的初始定位和电机的运行都需要由电机转子位置传感器识别。因为电机转子在运动过程中将转子磁极的位置信号转换成电信号,为逻辑开关电路提供正确的换向信息,从而控制功率管的导通与截止,使电机电枢绕组中的电流随着转子位置的变化按次序换向,形成气隙中的旋转磁场,驱动永磁转子连续不断地旋转。

电机转子位置传感器分为有位置传感器型和无位置传感器型。

1. 有位置传感器型

位置和速度类传感器的种类一般分为旋转变压器式、霍尔式、电磁式、光电式和磁敏式。但从抗温度、抗污染和抗振动方面来看，目前旋转变压器式电机位置传感器（如图4-1所示）和霍尔式电机位置传感器（如图4-2所示）有着广泛的应用，特别是旋转变压器式传感器在电动汽车上应用最为广泛。

图4-1　旋转变压器式电机位置传感器

图4-2　霍尔式电机位置传感器

【思考】若是不正确的导通角，则电机变频器内的IGBT偏差会引起电机额外的损耗。安装时转子位置传感器有偏差，是否可能造成不正确的导通角？

2. 无位置传感器型

电机静止时转子停留的位置决定了逆变器第一次应触发哪两个功率管，而在没有位置传感器时判断转子初始位置则很复杂。可以先导通逆变器的任意两相，并控制电机电流，通电一段时间后，转子就会转到与该导通状态相对应的一个预知位置，完成转子的定位。转子定位后，根据换挡杆的位置（D或R）即可知道接下来应触发的逆变器功率元件。基于以上这种想法，人们提出了三段式起动法。三段式起动法是信号发生器控制同步电机的运行状态从静止开始加速，直至转速足够大产生可识别的反电势信号，再切换至反电势法控制无刷电机运行状态，实现电机起动。这个过程包括转子定位、加速和运行状态切换3个阶段，所以也称为三段式起动法。

无位置传感器型的其他测量方法有预定位起动法、升频升压同步起动法和短时检测脉冲转子定位起动法等。

第二节　电机转子位置传感器

本节以应用最广的旋转变压器式电机位置传感器为例进行介绍。

一、组成

如图4-3所示，旋转变压器式电机位置传感器为有源传感器，其本质是3个线圈。

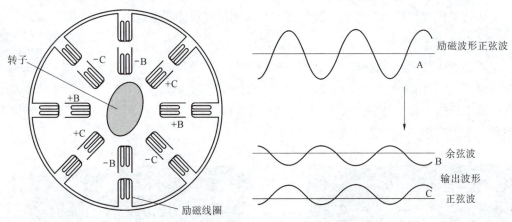

图 4-3 旋转变压器原理示意图

二、电机位置传感器信号

电机位置传感器检测电机转子的转速和位置,传感器采用旋转变压器式。A 线圈为励磁信号、B 线圈为正弦（$\sin\theta$）信号输出,C 线圈为余弦（$\cos\theta$）信号输出,波形如图 4-4 所示。

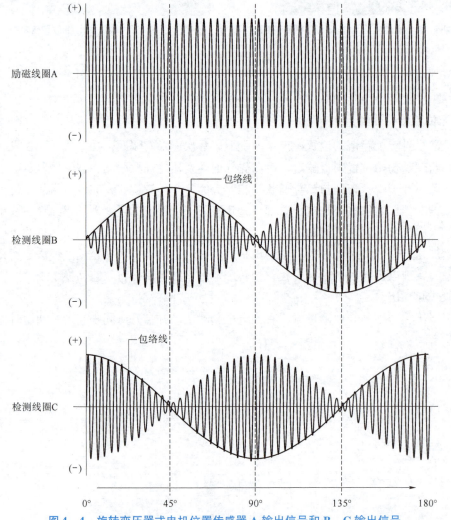

图 4-4 旋转变压器式电机位置传感器 A 输出信号和 B、C 输出信号

三、工作原理

旋转变压器式电机位置传感器的工作原理如下。

变频器控制器产生一个正弦波电压信号输入给 A 线圈，使 A 线圈产生励磁。A 线圈产生的励磁在空间上通过 B 线圈和 C 线圈，因此 B 线圈产生稳定的正弦（$\sin\theta$）信号，C 线圈产生稳定的余弦（$\cos\theta$）信号。

电机转子的端部用硅钢片做出一个信号轮，信号轮的转动改变了 A 线圈励磁在空间上通过 B 线圈和 C 线圈的数量，从而改变 B 线圈和 C 线圈输出的瞬时值。

B 线圈和 C 线圈输出的电压瞬时值输回给变频器控制器进行解析，过程可简单地理解为通过 B 线圈和 C 线圈输出电压值的比值解析出电机转子在定子中的位置。

四、旋转变压器诊断

1. 诊断仪诊断

变频器直接接收旋转变压器的信号，对电机转子位置、转速、方向进行识别，变频器也对旋转变压器进行故障诊断，所以要用诊断仪连接变频器（有的车型要通过整车控制器来连接变频器），才能读取变频器自诊断出的故障。

2. 线圈电阻测量

通常 A 线圈电阻是十几欧姆，而 B 线圈电阻和 C 线圈电阻也是十几欧姆且二者相同，但 B、C 线圈电阻通常比 A 线圈电阻大几欧姆。

3. 波形测量

（1）在 A 线圈测量变频器控制器产生的正弦波电压信号中，若无波形输出则更换变频器控制器。

（2）测量 B 线圈可产生稳定的正弦（$\sin\theta$）信号，测量 C 线圈可产生稳定的余弦（$\cos\theta$）信号，只要 B、C 线圈有稳定的输出即可。

（3）再进一步测量在转动车轮后 B 线圈产生的正弦（$\sin\theta$）信号和 C 线圈产生的余弦（$\cos\theta$）信号，以判定电机转子端部的信号轮是否正常。也可直接拆开电机检查电机转子端部的信号轮。

第三节 电机相电流传感器

一、定义

1. 电池电流传感器

在电动汽车的动力电池直流正极电缆或负极电缆上，通常会设计一个电池电流传感器，其作用如下。

（1）用于电池充电电流、放电电流监测，实现电池动态 SOC 的计算。

（2）用于电池最大电流监测，在电池过流前将配电箱的上电继电器断开或降低高压元件的功率输出。

（3）其他高压元件的分电流之和应为总电流，可以用于故障监测。

2. 电机相电流传感器

在变频器内部，给电机的 U、V、W 三相输出上电，通常取两相或三相设计两个或三个传感器，两个电流传感器根据电流节点定律，可推算出第三相的电流；三个电流传感器是一种冗余控制。电流传感器的作用如下。

（1）三相电流信号作为 CLARKE 变换的输入信号，用于计算 IGBT 的导通角。

（2）监测相线过流的信号。

（3）监测故障的信号。

二、工作原理

1. 直测式电流传感器（CS 系列）

众所周知，当电流正向通过一根长导线时，在导线周围将产生磁场，且磁场的大小与流过导线的电流成正比，如图 4-5 所示。磁场通过磁芯聚集感应到霍尔元件上并使其有一正向信号输出，这一信号经运算放大器放大后可以直接输出 V_S，这时从 $+V_C$ 向地导通；当电流反向通过导线时，霍尔元件有反向信号输出，这一信号经运算放大器放大后可以直接输出 V_S，这时电流从地向 $-V_C$ 导通。

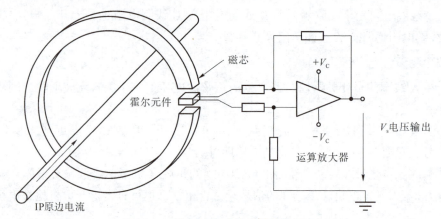

图 4-5 直测式电流传感器基本原理

2. 磁平衡式电流传感器（CSM 系列）

磁平衡式电流传感器也称为补偿式传感器，即主回路被测电流 I_p 在聚磁环处所产生的磁场通过一个次级线圈电流所产生的磁场进行补偿，从而使霍尔元件处于检测零磁通的工作状态。

根据安培定律，流过导体的电流 I 会在该导体周围产生一个磁场。这个磁场可用一个高磁导率的磁路来测量。绕在磁路的 N 匝线圈，如果通以 $1/N$ 的反向电流，即可消除原边电流 I 所产生的磁场。通过沿磁路安装的磁通探测器（霍尔传感器）检测铁芯间隙中的磁通。如果磁通不为零，则霍尔传感器就会有（原、副边磁通不平衡的偏差）电压信号输出。该信号经高增益放大器放大后，再调节二次电流以抵消原、副边的匝数（磁动势）不平衡所产生的偏差。在铁芯中，始终保持二次电流所产生的磁通能够抵消原边电流 I 所产生的磁通。其主要特点是磁路铁芯不会饱和。邻近电流传感器的导电母线排所产生的外部磁场会对磁平衡式霍尔检零电流传感器的准确测量有一定影响，可使用补偿线圈补偿。

磁平衡式电流传感器的工作原理如下。

当电流正向通过一根长导线时，在导线周围将产生一磁场，这一磁场的大小与流过导线的电流成正比，如图 4-6 所示。磁场通过磁芯聚集感应到霍尔元件上有一正向信号输出，这时输出电流从 $+V_C$ 流出经 NPN 三极管、补偿线圈、测量电阻 R_M 向地构成回路；电流反向通过导线时，霍尔元件上有一反向信号输出给 PNP 三极管的基极，这时输出电流从地经测量电阻 R_M、补偿线圈、PNP 三极管、$-V_C$ 构成回路。

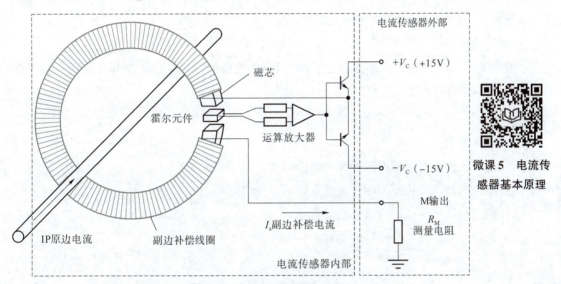

图 4-6　磁平衡式电流传感器基本原理

【专业指导】霍尔电流传感器在直流检测中具有电隔离，故扩展了它的应用范围。在输出直流的电力电子设备中，可以利用霍尔电流传感器测得与电路隔离的直流测量信号，通过电子控制电路用于直流测过流、短路保护和显示等，还可用于电流反馈、稳流调节等。

第五章

电动汽车变频器

在电力电子元件一章中,小林学习了 6 个 IGBT 组成的三相全桥逆变器,但他仍想了解直流变为三相交流的方法。

(1) 能说出汽车变频器内部的 5 个组成部分。
(2) 能说出汽车变频器三相全桥逆变器的逆变过程。
(3) 能进行汽车变频器的总线信号说明。
(4) 能说出电动汽车变频器的名称。

第一节　三相逆变过程

电动汽车变频器可称为功率电子单元(Power Electronic Unit,PEU),其内置电机控制器(Motor Control Unit,MCU)。电机的转矩控制本质是两个要素的控制,第一是什么时间控制开关管导通,第二是开关管导通持续的时间(电角度)是多少。

一、变频器

图 5-1 为电动汽车电机变频的控制原理,数字信号处理器(DSP)接收旋转变压器信号,信号经 DSP 的 3 个信号捕捉端口(CAP/IOPA3、4、5)进入,经过控制策略的处理后,再输出给 DSP 内部的 ePWM 模块(ePWM 模块为 DSP 内部专门为驱动电机开发输出多段脉冲波的模块)形成六路 PWM 脉冲波,脉冲波经光电隔离电路和反相驱动电路后接入开关管 $VT_1 \sim VT_6$ 的控制栅极(G)。

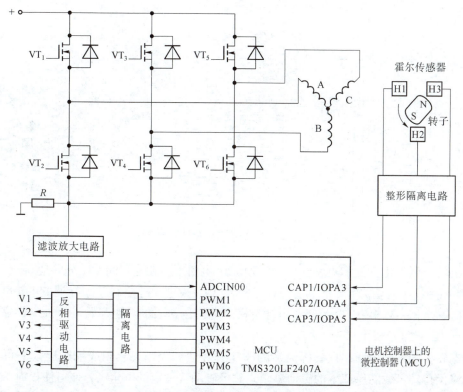

图 5-1 电动汽车电机变频的控制原理

二、电流导通方式

目前，电动汽车直流无刷电机驱动方式为全桥驱动，由 $VT_1 \sim VT_6$ 共 6 只功率管构成的全桥可以控制三相绕组 U、V、W 的通电状态。按照功率管的通电方式可分为"两两导通（120°导通）"和"三三导通（180°导通）"两种控制方式。

1. 两两导通

在"两两导通"的控制方式下，每一瞬间有两个功率管导通，每隔 1/6 周期（即 60°电角度）就换相一次。每次换相一个功率管，每只功率管持续导通 120°电角度。每个绕组正向通电、反向通电各 120°电角度。对应每相绕组持续导通 120°电角度，在此期间对于单相绕组电流方向保持不变。如果流入绕组的电流产生正的转矩，则流出绕组的电流产生负的转矩。每隔 60°电角度换相一次就意味着每隔 60°电角度合成转矩方向转过 60°电角度，大小保持为 $\sqrt{3}$ 倍的转矩。

图 5-2 为电机定子的"两两通电"控制方式。"两两导通"的工作原理如下。

电机转子以 0°为起始点，先让 VT_1 导通 120°电角度，在这期间 VT_4 先导通 60°，电流经 $VT_1 \to U$ 相 $\to V$ 相 $\to VT_4$ 流至蓄电池负极。控制 VT_4 截止，再控制 VT_6 导通 60°电角度，电流经 $VT_1 \to U$ 相 $\to W$ 相 $\to VT_6$ 流至蓄电池负极。电动机转动 120°，距起始点为 120°。

电动机转子以 120°为起始点，让 VT_3 导通 120°电角度，在这期间 VT_2 先导通 60°，电流经 $VT_3 \to V$ 相 $\to U$ 相 $\to VT_2$ 流至蓄电池负极。控制 VT_2 截止，再控制 VT_6 导通 60°电角度，电流经 $VT_3 \to V$ 相 $\to W$ 相 $\to VT_6$ 流至蓄电池负极。电机转动 120°，距起始点为 240°。

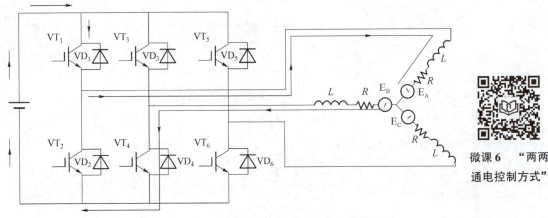

图 5-2 电机定子的"两两通电"控制方式（IGBT 管换流）

微课 6 "两两通电控制方式"

电机转子以 240°为起始点，让 VT$_5$ 导通 120°电角度，在这期间 VT$_2$ 先导通 60°，电流经 VT$_5$→W 相→U 相→VT$_2$ 流至蓄电池负极。控制 VT$_2$ 截止，再控制 VT$_4$ 导通 60°电角度，电流经 VT$_5$→W 相→V 相→VT$_4$ 流至蓄电池负极。电机转动 120°，距起始点为 360°，完成一个圆周运动。

根据磁极的不同位置，只要以恰当的顺序去导通和阻断各相出线端所连接的可控晶体管，始终保持转子线圈所产生的磁动势领先磁极磁动势一定的电角度，便可使该电机产生一定方向的电磁转矩而稳定运行。

另外，通过借助逻辑电路来改变功率晶体管的导通顺序的方式也可实现电机正反转。

电机的"两两导通"方式类似于发动机的两气门"一进一排"方式。

2. 三三导通

每一瞬间有三只功率管通电，每 60°电角度换相一次，如图 5-3 所示，每只功率管通电 180°电角度。对于"三三导通"控制方式，每一瞬间有三只功率管导通，每隔 60°电角度换相一次，每一功率管通电 180°电角度。每隔 60°电角度换相一次就意味着每隔 60°电角度合成转矩方向转过 60°电角度，合成转矩大小为 1.5 倍的转矩。

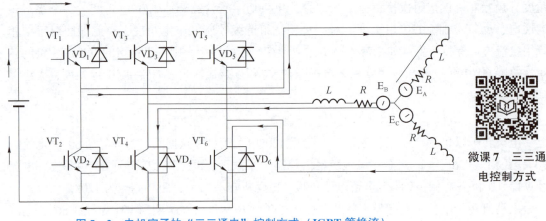

图 5-3 电机定子的"三三通电"控制方式（IGBT 管换流）

微课 7 三三通电控制方式

三、定时和定量控制

电机的定子绕组为三相星形连接,位置传感器与电机转子同轴,控制电路对位置信号进行逻辑变换后产生驱动信号,驱动信号经驱动电路放大后控制变频器的功率开关管,使电机的各相绕组按一定的顺序工作。

1. 三相电流定时控制

三相原始电机转子相当于指南针,N 极磁场 F_d 总是指向合成磁场 F_a,磁场 F_a 的大小以及 F_a 和 F_d 的夹角是控制系统要控制的内容。由图 5-4 可知,直流无刷电机系统具有定时控制的作用。

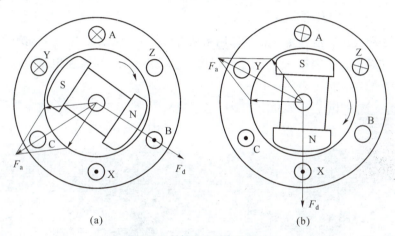

图 5-4 直流无刷电机系统
(a) AX 和 BY 同时通电;(b) AX 和 CZ 同时通电

【专业指导】F 是指磁场(field);d 是指直轴(direct);a 是指交轴(alternative)。

2. 三相电流定量控制

在三相定子线圈的"两两导通"或"三三导通"的控制方式中,如果控制 IGBT 的导通角内导通时间接近全导通时间,则定子线圈的电流就大,产生的转矩就高;反之,如果控制 IGBT 有较小的导通时间,则定子线圈的电流就小,产生的转矩就小。

第二节 汽车变频器

一、工业变频器与汽车变频器的区别

工业变频器是将三相或单相交流电先经整流桥整流成直流,再经逆变桥转换成三相交流。电动汽车变频器电源本身已经是直流,直接经逆变桥转换成三相交流,其输出的交流电的频率是可调的。

【专业指导】整流和逆变是一个互逆的过程。整流器是把交流电变成直流电的装置,其种类有单管单相半波整流器、四管单相全桥整流器和六管三相全桥整流器。变频器是把直流

电变成交流电的装置，其种类有单管单相变频器、四管单相全桥变频器和六管三相全桥变频器。电动汽车电机采用三相全桥变频器，按导通控制分为"两两导通"和"三三导通"。变频器高压的核心是逆变桥，低压的核心是变频器内部的控制器，也称为电机控制器。

二、汽车变频器内部元件

1. 变频器控制单元

变频器控制单元接收来自纯电动汽车整车控制单元（EV – ECU）或混合动力汽车控制单元（HV – ECU）通过控制器局域网总线发送过来的电机转矩需求信号，根据电机转子转速信号、电机转子位置信号和三相电机各相电流信号产生驱动逆变桥驱动单元的定时弱信号。

变频器控制单元的核心是DSP，其作用是从混合动力控制单元或纯电动汽车控制单元接收发送过来的转矩信号，根据汽车电机反馈的转速和相电流信号，输出控制电机达到控制目标的控制脉冲来驱动智能逆变桥（IPM）。

图5 – 5 为一汽B50EV纯电动汽车变频器总成。

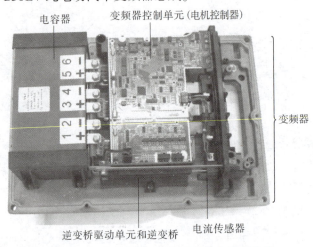

图5 – 5 一汽B50EV纯电动汽车变频器总成

2. 电容器

逆变桥的直流输入端并联有大容量的电容器，可以在放电阶段起到储能器的作用，由于直流放电电容没有内阻，故可使电机的加速度更快。在充电阶段，也可减小大电流对蓄电池的负面作用，还有滤波效果。

3. 逆变桥驱动单元

图5 – 6 为驱动单元和逆变桥。驱动单元的作用是接收来自变频器控制单元的定时弱信号，并将这个信号转换成能驱动逆变桥的15 V正脉冲或5～10 V负脉冲。

4. 逆变桥单元

图5 – 7 为驱动单元和两单元IGBT模块。逆变桥单元由3个两单元IGBT模块组成，它把直流电变成三相交流电，输入三相永磁直流无刷电机。

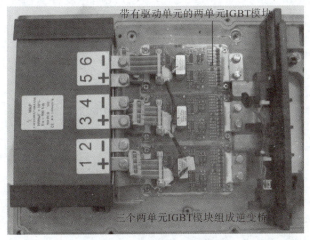

图 5-6 驱动单元和逆变桥

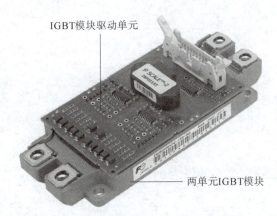

图 5-7 驱动单元和两单元 IGBT 模块

若逆变桥出现故障,如欠电压保护、过电压、过流保护、过温保护、短路保护等,则 IPM 通过串行故障输出端口将信号传送给变频器控制器。

5. 电流传感器

为实现电流的精确反馈控制,在变频器的三相输出中要采用电流传感器进行精确的反馈。

第三节 电动和发电过程

一、电机电动控制

电机电动控制是电机用作电动机时的基本控制。IPM 内的 IGBT 在 ON 和 OFF 之间切换,为电机提供三相交流电源。为了产生由动力管理控制 ECU(HV-ECU)计算的所需电机的原动力，MG ECU 使 IGBT 在 ON 和 OFF 之间切换并控制速度，从而控制电机的转速。电机电动控制如图 5-8~图 5-10 所示。

为了便于理解，我们在电机三相波形取点时取其中一相幅值为 0 的"两两导通"方式。

1. W 相流向 V 相控制（U 相幅值为 0）

W 相流向 V 相控制如图 5-8 所示，在图 5-8（b）的时刻图中，W 相电压最高，V 相电压最低，此时电流经上桥臂 VT_5 从 W 相进入，从 V 相输出，经下桥臂 VT_4 流回负极。

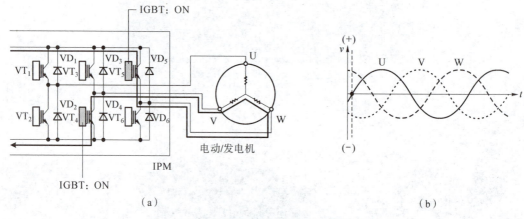

图 5-8 W 相流向 V 相控制（U 相幅值为 0）
（a）电路图；（b）时刻图

2. U 相流向 W 相控制（V 相幅值为 0）

U 相流向 W 相控制如图 5-9 所示，在图 5-9（b）的时刻图中，U 相电压最高，W 相电压最低，此时电流经上桥臂 VT_1 从 U 相进入，从 W 相输出，经下桥臂 VT_6 流回负极。

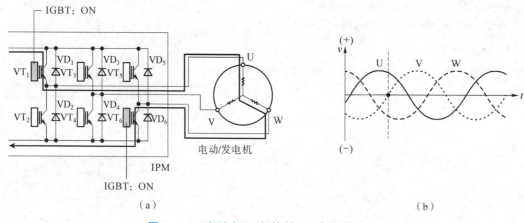

图 5-9 U 相流向 W 相控制（V 相幅值为 0）
（a）电路图；（b）时刻图

3. V 相流向 U 相控制（W 相幅值为 0）

V 相流向 U 相控制如图 5-10 所示，在图 5-10（b）的时刻图中，V 相电压最高，U 相电压最低，此时电流经上桥臂 VT_3 从 V 相进入，从 U 相输出，经下桥臂 VT_2 流回负极。

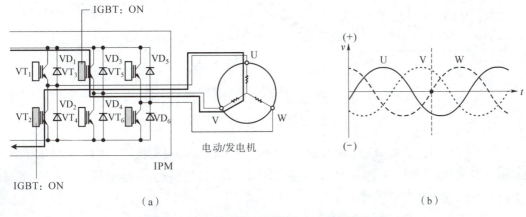

图 5-10　V 相流向 U 相控制（W 相幅值为 0）

(a) 电路图；(b) 时刻图

【专业指导】以上只是 6 种状态中的 3 种状态，当上桥臂的一个 IGBT 导通时，下桥臂可以有两个 IGBT 导通，所以每种状态有两种情况。

二、电机发电控制

电机用作发电机时的基本控制如图 5-11 ~ 图 5-13 所示。由车轮驱动的电机的 3 个相依次产生的电流可以用于对 HV 蓄电池充电或驱动另一电机。

W 相流向 V 相控制如图 5-11 所示，在图 5-11（b）的时刻图中，VT_4 和 VD_6 导通实现储能，当 VT_4 断开时，W 相和 V 相自感电动势升高超过左侧蓄电池电压，VD_3 导通，此时电流经 VD_3 输出给蓄电池充电。

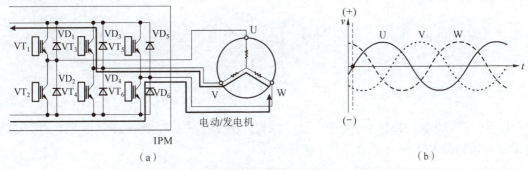

图 5-11　W 相流向 V 相控制（U 相幅值为 0）

(a) 电路图；(b) 时刻图

U 相流向 W 相控制如图 5-12 所示，在图 5-12（b）的时刻图中，当 VT_6 和 VD_2 导通实现储能，VT_6 断开时，U 相和 W 相自感电动势升高超过左侧蓄电池电压，VD_5 导通，此时电流经 VD_5 给蓄电池充电。

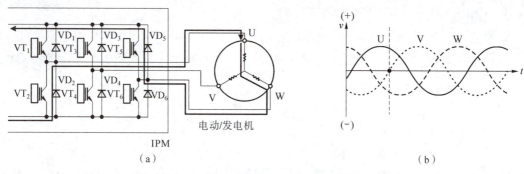

图 5-12 U 相流向 W 相控制（V 相幅值为 0）

(a) 电路图；(b) 时刻图

V 相流向 U 相控制如图 5-13 所示，在图 5-13（b）的时刻图中，VT_2 和 VD_4 导通实现储能，当 VT_2 断开时，V 相和 U 相自感电动势升高超过左侧蓄电池电压，VD_1 导通，此时电流经 VD_1 输出给蓄电池充电。

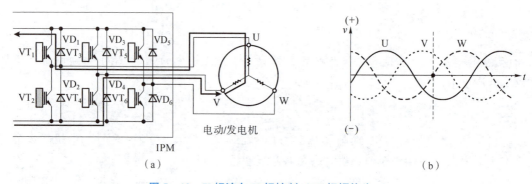

图 5-13 V 相流向 U 相控制（W 相幅值为 0）

(a) 电路图；(b) 时刻图

第四节 电动汽车电机控制

一、换挡杆申请控制

图 5-14 为线控换挡杆申请控制流程。线控换挡控制器为 4 级传感器，也就是具有微控制器（MCU）的 ECU 级传感器，其工作原理如下。

步骤 1：驾驶员对换挡杆进行 R、N、D 的操作。

步骤 2：在整车控制器（VCU）内解析驾驶员需求，判断是否响应驾驶员对换挡杆的位置操作。若影响，则执行步骤 2.1：信息经车身电气系统总线（B 总线）发给仪表，进入仪表显示整车控制器响应的挡位。

步骤 3：诊断换挡控制器信号后，在 VCU 内判断是否点亮故障灯。若 VCU 存有故障码，则执行步骤 3.1：信息经 B 总线发给仪表，仪表进入点亮整车故障灯响应挡位。

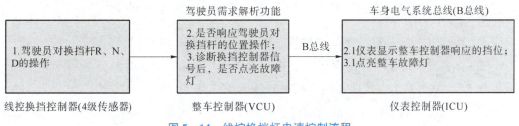

图 5–14　线控换挡杆申请控制流程

二、P 挡驻车锁止控制

图 5–15 为 P 挡驻车锁止控制流程，其原理如下。

步骤 1：驾驶员对 P 挡开关的操作（仅有申请功能、仅有锁止功能，不能通过此开关解除 P 挡电机锁止）。步骤 1.1：通过 VCU 实现驾驶员需求解析功能，判断是否响应驾驶员对 P 挡的位置操作。若是，则执行步骤 1.2：仪表显示整车控制器响应的挡位 P。

步骤 2：VCU 诊断出 P 挡信号后，判断是否点亮故障灯。若是，则执行步骤 2.1：将信息经 B 总线传送给仪表，点亮整车故障灯。

步骤 3：响应 P 挡开关申请，执行步骤 3.1，若是解除位置，则执行 P 挡锁止电机锁止操作。

步骤 4：不响应 P 挡开关申请，执行步骤 4.1，若是锁止位置，则执行 P 挡锁止电机解除锁止操作。

步骤 5：向 VCU 反馈是解除位置还是锁止位置，以响应步骤 3 或步骤 4。

步骤 6：诊断出 P 挡锁止电机故障后，判断是否点亮故障灯。若是，则执行步骤 6.1：点亮减速器故障灯。

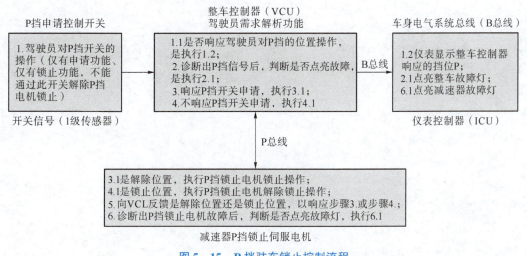

图 5–15　P 挡驻车锁止控制流程

三、线控换挡杆的倒车灯控制

图 5-16 为线控换挡杆的倒车灯控制流程,其原理如下。

步骤 1:驾驶员的换挡杆倒挡输入。执行步骤 1.1:VCU 识别驾驶员的倒车申请需求。执行步骤 1.2:汽车基本电气控制器(BCM)使倒车灯点亮。

步骤 2:判断车辆是否处于低速或停止状态。若是,则执行步骤 2.1,向变频器控制器发送电机倒转信号。步骤 2.1:汽车变频器(功率电子单元 PEU)接收整车控制来的电机倒转信号,执行电机倒转动作。

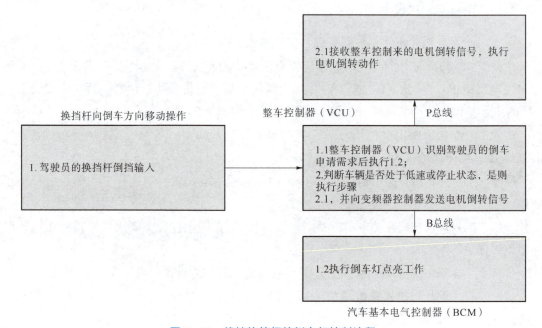

图 5-16 线控换挡杆的倒车灯控制流程

第六章

典型纯电动汽车变频器

车间里有一辆吉利 EV300 纯电动汽车，且状态为上电 READY，但是无法行驶，各控制器的供电、搭铁已检查过，变频器控制器内部没有故障码存在，可能是变频器损坏。对变频器进行绝缘检测后，发现三相输出中的一个输出对变频器壳体的电阻为 48 MΩ，与其他两相的 9.1 GΩ 相比有很大差异，决定更换变频器，更换后故障排除。

（1）能诊断变频器故障。
（2）能按模块更换方法进行变频器的维修。

第一节　吉利 EV300 变频器

一、变频器组成

图 6-1 为吉利 EV300 电动汽车的变频器（2017 年款）。该变频器除了能将直流电变换为交流电外，还内置了 12 V DC/DC 转换器功能。图 6-1 中左侧两接柱分别对应壳体上标注的"T+"（直流正）和"T-"（直流负）；中间部位的两孔插座是变频器的互锁开关座，当变频器盖取下后，两孔间的连接被断开；当电池箱里的电池管理系统（BMS）收到信号后，控制 BMS 下部高压配电箱中的主供电继电器断开，实现高压防护；右侧 3 个端子分别对应壳体上的 W、V、U 相，这 3 个端子外接电机。

如图 6-2 所示，打开变频器上盖后，左侧半个黑色塑料件可直接取下，可以看见电容器；绿色印制电路板（PCB）为逆变桥的驱动板，驱动板通过排线与下侧的电机控制器（MCU）通信；一个金属屏盖在电机控制器（MCU）上部，左侧白色插头是变频器盖互锁开关的信号线，即变频器盖互锁开关信号先进 MCU，由 MCU 通过控制器局域网络（CAN）总线给 BMS 发送互锁开关断开的信息；绿色的逆变桥驱动板和 U、V、W 3 个输出之间的白色部分是电机的相电流传感器；最右侧上下各有一个插座，上边的两端子插座为 12 V DC/DC 转换器，下部多孔插座为变频器控制器和 DC/DC 转换器控制器的共用插座。

图6-1 吉利EV300电动汽车的变频器（2017年款）

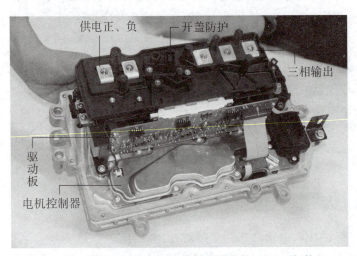

图6-2 吉利EV300电动汽车变频器总体（2017年款）

二、各元件作用

1. 电容器

如图6-3所示，左侧两个电容器并联在直流母线上，可临时存储锂离子电池的电能，也可接收变频器斩波发电产生的电能。不过由于电容器的介入，在主供电继电器上必须设置预充电继电器。

2. 电流传感器

电动汽车的电机控制器要实现精确的电机转矩控制，就必须通过控制逆变桥的驱动时刻和驱动时间，并测量电机的实际电流来修正控制逆变桥的驱动时刻和驱动时间，使其更精确。在控制上，电机电流是控制目标，实现手段是控制逆变桥的驱动时刻和驱动时间。

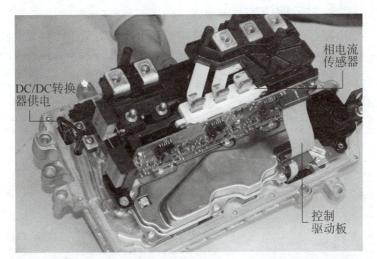

图6-3 吉利EV300变频器内左侧蓝绿色电容器、三个白色电流传感器（2017年款）

3. 电机控制器

换挡杆整车控制器传送电机正转、停转、反转的信息，以及加速踏板信号在整车控制器中的电机转矩。通过CAN总线发送给MCU，可以确定电机电流的大小。MCU要实现电机电流的大小控制就要接收电机解角传感器信号和电机相电流信号。电机解角传感器可实现电机转子转速、位置和方向的判别。

在图6-4中，锂离子高压电池的直流电通过左侧的两根导线向下输入12 V的DC/DC，经板下的DC/DC转换器处理后，在右侧两接柱上输出标称为12 V的直流电，给12 V铅酸电池供电，DC/DC实际输出的直流电压在14 V左右。导热硅脂下是通有防冻液的散热器，在散热器的下侧是12 V的DC/DC转换器。

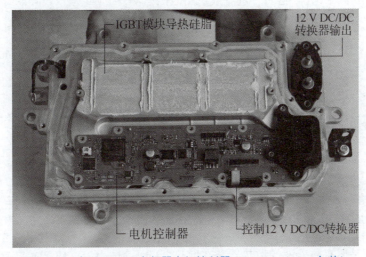

图6-4 吉利EV300变频器电机控制器（MCU）（2017年款）

4. 驱动板

图6-5为吉利EV300变频器中6个IGBT组成全桥逆变器的驱动板（2017年款）。当

驱动板的低压部分直接驱动逆变桥高压部分时，若逆变桥高压部分损坏高压电流串入低压的驱动板，则该电流也串入了电机控制器，损坏电机控制器。为了防止损坏电机控制器，电机控制器再给驱动板发送的信号是通过光电或变压器隔离信号。驱动板收到经隔离转换后的信号后，再在驱动板上生成驱动逆变桥的电压脉冲。在驱动板中，有三部分电路是相同的，这三部分相同的电路分别驱动一个桥臂。

另外，当逆变器出现过温、过流等故障信号时，也需要上传到 MCU，信号上传也需要光电隔离，即要通过光电耦合器来上传信号。

图 6-5　吉利 EV300 变频器中 6 个 IGBT 组成全桥逆变器的驱动板（2017 年款）

5. 逆变桥

图 6-6 为吉利 EV300 变频器中 6 个 IGBT 组成的全桥逆变器（2017 年款），两两组成单桥臂，共 3 个单桥臂。每个桥臂与驱动板之间有 9 根连接线，这些连接线用于温度测量、上桥 IGBT 驱动、下桥 IGBT 驱动、过流或短路故障监测。

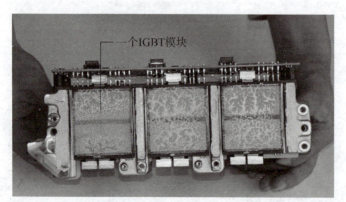

图 6-6　吉利 EV300 变频器中 6 个 IGBT 组成的全桥逆变器（2017 年款）

导热硅脂下是通有防冻液的散热器，在散热器的下侧是 12 V DC/DC 转换器。当采用双变频器拼出一个好的变频器时，若更新逆变器，则一定要注意导热硅脂的数量、厚度和螺栓的力矩。

第二节　吉利 EV300 变频器诊断

一、变频器电路图功能

吉利电动汽车中带有 DC/DC 转换器的变频器称为功率电子单元（Power Electronic Unit, PEU），其电路图如图 6-7 和图 6-8 所示，电路的功能如下。

（1）B+（EP12/1）：DC/DC 转换器 12 V 电压输出给铅酸电池充电，DC/DC 转换器 12 V 的输出→EP12/1→12 V 铅酸电池。

（2）常电 1（EP11/26）：12 V 铅酸电池→100 A EF01→10 A EF31→常电 1。

（3）Ignition（EP11/25）：点火开关唤醒，由 ER15 位置的继电器 IG2 的引脚 30 供电。

（4）HVIL OUT（EP11/04）：高压互锁线输出。

（5）HVIL IN（EP11/04）：高压互锁线输入。

（6）CAN-H（EP11/20）：CAN 总线高线，信号在隐性 2.5 V～显性 3.5 V。

（7）CAN-L（EP11/21）：CAN 总线低线，信号在隐性 2.5 V～显性 1.5 V。

（8）GND（EP11/11）：PEU 的控制单元接地。

（9）CAN-H（EP11/27）：CAN 诊断总线高线，信号在隐性 2.5 V～显性 3.5 V，与诊断仪通信用。

（10）CAN-L（EP11/28）：CAN 诊断总线低线，信号在隐性 2.5 V～显性 1.5 V，与诊断仪通信用。

（11）R1+、R1-（EP11/7、EP11/6）：电机定子线圈温度传感器 1。

（12）R2+、R2-（EP11/5、EP11/13）：电机定子线圈温度传感器 2。

（13）REF+、REF-（EP11/13、EP12/13）：电机转子位置传感器（旋转变压器）正弦激励信号。

（14）SIN+、SIN-（EP24/11、EP17/11）：电机转子位置传感器（旋转变压器）正弦信号。

（15）COS+、COS-（EP11/23、EP11/16）：电机转子位置传感器（旋转变压器）余弦信号。

（16）Wake Up（EP11/14）：当外界对动力电池充电时，禁止变频器工作。

（17）HV+、HV-（EP54/2、EP54/1）：变频器的高压供电线。

（18）U、V、W（EP62/1、EP62/2、EP62/3）：变频器给电机的三相交流供电线。

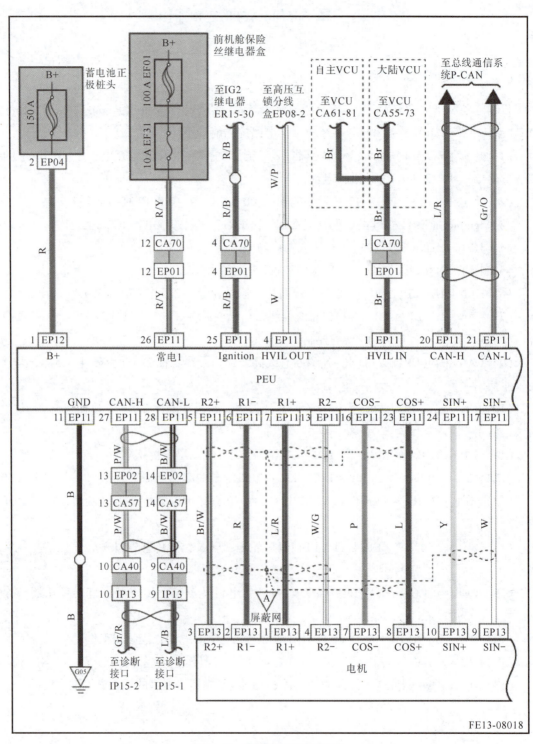

图 6-7 吉利变频器电路图 1

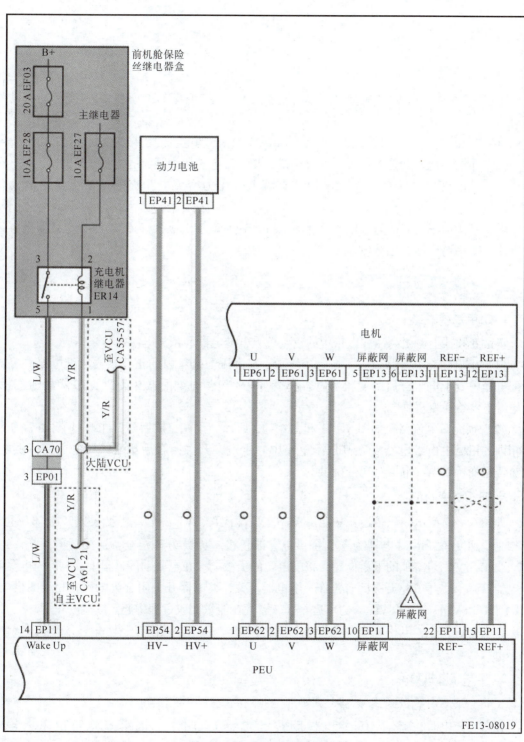

图 6-8 吉利变频器电路图 2

第三节 比亚迪电动汽车变频器

一、变频器功能

比亚迪 E6 纯电动 MPV 车型采用多功能变频器，其变频器原理如图 6-9 所示，其功能如下。

(1) 三相逆变功能：将直流电变为三相交流电以驱动电机的三相逆变。
(2) 车载充电机功能：将外界的单相或三相交流电转化为直流电给蓄电池充电。
(3) 移动充电站功能：将蓄电池的直流电转化为交流电为充电口的交流用电设备供电。

图 6-9 中 $RS_1 \sim RS_{14}$ 为继电器开关（Relay Switch，RS），R_D 为蓄电池给变频器供电的继电器，R_C 为蓄电池充电继电器。

二、功能实现原理

1. 上电过程

正常变频器上电由高压配电箱中的正、负上电继电器和预充电继电器来完成。

(1) 上电预充电流路径如图 6-10 所示，在高压配电箱内的正极预充电继电器（在高压配电箱中）上电闭合后给变频器电容充电，电流经预充继电器开关到 R_D 变频器逆变桥，供电继电器给逆变桥供电。

(2) 预充后电流路径如图 6-11 和图 6-12 所示，预充完成后（几十毫秒），在高压配电箱内的正极主电继电器（在高压配电箱中）上电，开关闭合后给变频器的逆变桥供电，电流经逆变桥供电继电器给逆变桥供电。

2. 三相逆变功能

如图 6-13 所示，三相逆变功能由 VT_1、VT_3、VT_5、VT_2、VT_4、VT_6 这 6 个 IGBT 组成三相全桥逆变桥，R_D 继电器为逆变桥供电，即正极。负极为三相全桥逆变桥的下桥 VT_2、VT_4、VT_6 这 3 个 IGBT 的下游向左，接配电箱的负极端。在电驱动的过程中，电机充电隔离继电器 RS_1、RS_2、RS_3 开关闭合工作，继电器开关，继电器开关闭合给电机三相线圈供电。VD_1、VD_2、VD_3、VD_4、VD_5、VD_6 这 6 个二极管在能量回收过程中起到续流的作用。

在充电过程中，电机充电隔离继电器 RS_1、RS_2、RS_3 开关断开，防止外部交流电给电机供电转动。

3. 车载充电机功能

RS_{10}、RS_{11}、RS_{12} 是个继电器，在不充电时隔离变频器与充电口。

在单相充电时，RS_{10}、RS_{13} 继电器工作，继电器开关闭合，外界交流电经 L1 和 N 输入到由 VD_1、VD_2、VD_3、VD_4 组成的单相全桥整流器整流到的 C_0 电容器中暂存。

当三相充电时，外界交流电经 L_1、L_2、L_3 输入，这时 RS_{10}、RS_{11}、RS_{12} 的开关闭合，且 VD_1、VD_2、VD_3、VD_4、VD_5、VD_6 起到将三相全桥整流到 C_0 电容器中暂存的作用。

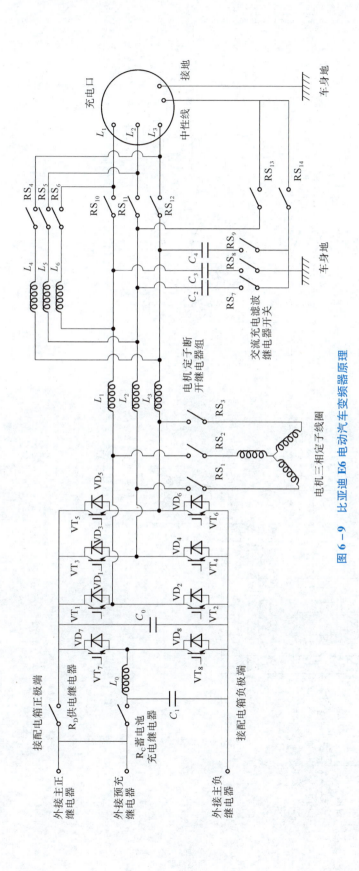

图 6-9 比亚迪 E6 电动汽车变频器原理

第六章 典型纯电动汽车变频器

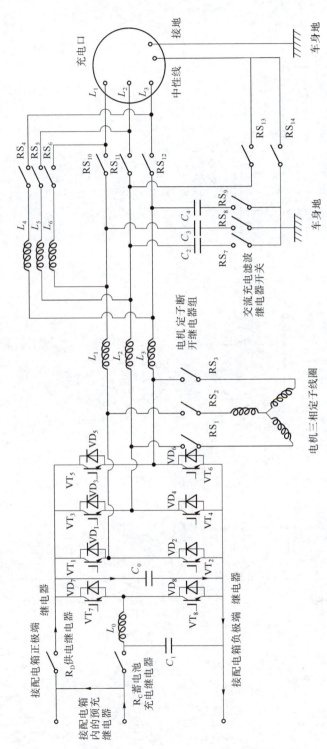

图6-10 比亚迪E6电动汽车变频器在高压配电箱内的正极预充电继电器上电闭合给变频器电容充电（但未开始变频逆变的电流路径）

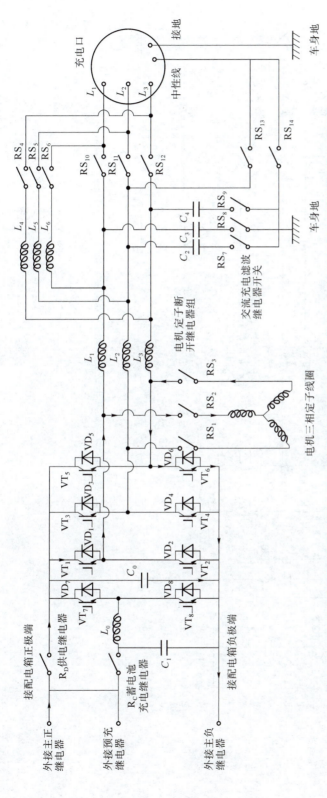

图6-11 比亚迪E6电动汽车变频器在高压配电箱内的正极主供电继电器上电闭合后变频器开始逆变的电流路径

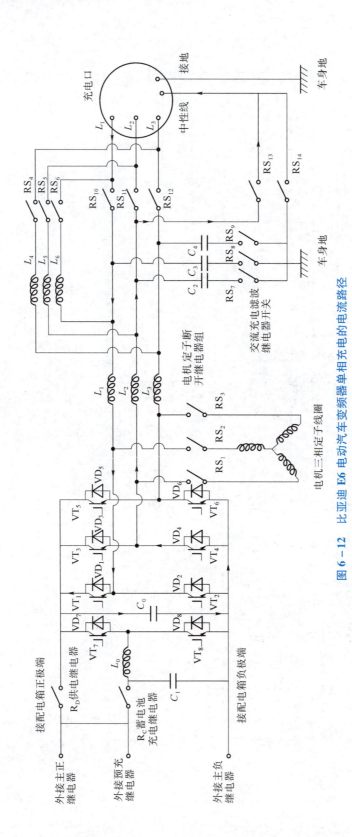

图6-12 比亚迪E6电动汽车变频器单相充电的电流路径

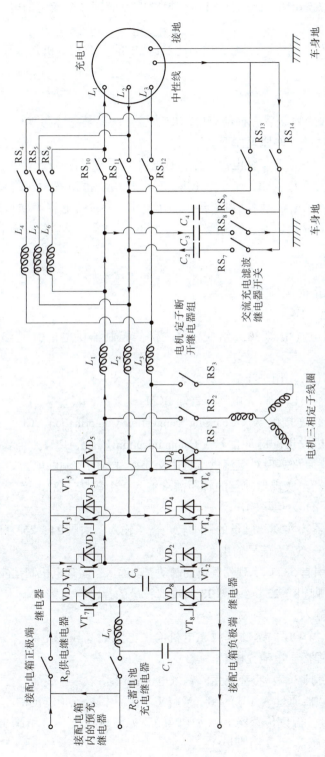

图 6-13 比亚迪 E6 电动汽车变频器在三相交流输出的一个瞬间电流路径（充电口 L_1 和 L_2 为线电压，相电压从中性线 N 回流）

无论是单相整流出的直流还是三相整流出的直流都要经过由 VT_7、VT_8、L_9、C_1 组成的升压和滤波元件，实现将整流输出的直流电经升压变换到电池管理系统指定的电压，经 RC 继电器向左给动力电池充电。

在充电过程中 L_1、L_2、L_3 的作用可忽略，因为比亚迪 E6 的车载充电机是为移动充电站功能设计的。

4. 移动充电站功能

比亚迪 E6 纯电动汽车的变频器兼有移动充电站的功能，这也是它称为 VTOG（Vehicle to Grid）的原因。移动充电站的工作原理如下。

RS_4、RS_5、RS_6 和 RS_7、RS_8、RS_9 继电器工作，且继电器开关闭合。RS_{14} 继电器也工作闭合。VT_1、VT_3、VT_5、VT_2、VT_4、VT_6 这 6 个 IGBT 实现三相全桥逆变桥作用到 L_1、L_2、L_3 上的电压进行换向，每一个换向，瞬间电流经 C_1、C_2、C_3 中的两电容串联形成换流通路，起输出滤波作用形成三相交流电流，经 L_4、L_5、L_6 和 RS_4、RS_5、RS_6 对外输出。

三、E6 变频器电路图原理

比亚迪 E6 变频器电路如图 6-14 所示。

（1）给变频器高压供电：HV+、HV-。

（2）供电、搭铁：30 常电（引脚 58）给变频器内部的控制器供电，引脚 43、59、60 搭铁。

（3）双供电（引脚 61、62）：用于唤醒变频器。

（4）充电感应信号（引脚 51）：将充电动作告知 BCM。

（5）交流充电口：充电线连接确认（Charging Connection Conformation，CCC）；交流供电桩向变频器内的车载充电机发送的脉冲信号（Communication Pulse，CP）。车载充电机可通过内部断开 CP 脉冲的电流通路实现对交流供电桩内交流接触器的控制断电。

（6）加速踏板位置传感器：实现驾驶员的转矩需求输入，引脚 25、27 为 5 V 供电，引脚 13、15 为接地，引脚 28、41 为信号输出。

（7）制动踏板位置传感器：实现驾驶员的制动转矩需求输入，引脚 24、26 为 5 V 供电，引脚 14、12 为接地，引脚 55、57 为信号输出。

（8）制动灯开关信号（引脚 53）：实现驾驶员的制动需求输入，实现电机制动能量回收。

（9）模式开关信号（引脚 38、22）：引脚 38 实现驾驶员的经济模式需求输入，引脚 22 实现驾驶员的运动模式需求输入。

（10）充电电流输出端：VTOG 内部的车载充电机输出电流经高压配电箱（虚线部分）中 VTOG 接触器给动车底的锂离子电池充电。

（11）充电感应信号（引脚 36）：将充电信号输入电池管理系统。

（12）A、B、C 相：变频器通过 A（U）、B（V）、C（W）相给三相电机供电。

（13）电机定子线圈温度：温度传感器 1+（引脚 46）、温度传感器 1-（引脚 32）、温度传感器 2+（引脚 3）、温度传感器 2-（引脚 19）。

（14）REF+、REF-（引脚 1、2）：电机转子位置传感器（旋转变压器）正弦激励信号。

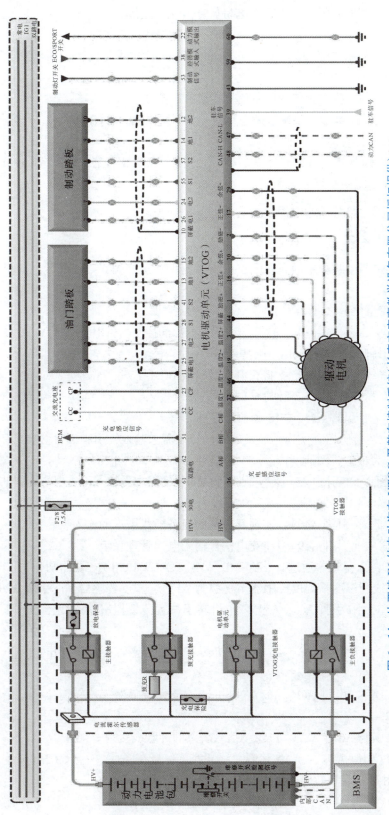

图6-14 比亚迪E6纯电动汽车VTOG及整车控制系统（长春市康嘉教学设备有限公司授权提供）

(15) SIN+、SIN-（引脚 16、17）：电机转子位置传感器（旋转变压器）正弦输出信号。

(16) COS+、COS-（引脚 30、29）：电机转子位置传感器（旋转变压器）余弦输出信号。

(17) 屏蔽地（引脚 44）：旋转变压器信号线束的屏蔽线接地。

(18) CAN-H（引脚 48）：CAN 诊断总线高线，信号在隐性数字 1 为 2.5 V 附近，显性数字 0 为 3.5 V 附近，与诊断仪通信用。

(19) CAN-L（引脚 47）：CAN 诊断总线低线，信号在隐性数字 1 为 2.5 V 附近，显性数字 0 为 1.5 V 附近，与诊断仪通信用。

(20) 驻车信号：接收驻车制动信号。

四、E5 变频器电路图

比亚迪 E5 的变频器电路图中的高压电控总成为变频器，如图 6-15 所示，这里只介绍与变频器有关的内容。

(1) 给变频器高压供电：HV+、HV-。

(2) 供电、搭铁：30 常电（引脚 A2）给变频器内部的控制器供电，引脚 A7、A8 搭铁。

(3) 双供电（引脚 A1、A4）：用于唤醒变频器。

(4) 充电感应信号（引脚 A12）：将充电信号输入 BCM。

(5) 加速踏板位置传感器：实现驾驶员的转矩需求输入，引脚 A40、A39 为 5 V 供电，引脚 A52、A54 为接地，引脚 A38、A18 为信号输出。

(6) 制动踏板位置传感器：实现驾驶员的制动转矩需求输入，引脚 A38、A41 为 5 V 供电，引脚 A55、A37 为接地，引脚 A17、A31 为信号输出。

(7) 制动灯开关信号（引脚 A57）：实现驾驶员的制动需求的输入，实现电机制动能量的回收。

(8) 模式开关信号（引脚 A46）：实现驾驶员的经济模式需求的输入。

(9) 充电感应信号（引脚 A19）：将充电信号输入电池管理系统。

(10) A、B、C 相：变频器通过 A（U）、B（V）、C（W）相给三相电机供电。

(11) 电机定子线圈温度：温度传感器+（引脚 A15）、温度传感器-（引脚 A29）。

(12) REF+、REF-（引脚 A60、A59）：电机转子位置传感器（旋转变压器）正弦激励信号。

(13) SIN+、SIN-（引脚 A63、A64）：电机转子位置传感器（旋转变压器）正弦输出信号。

(14) COS+、COS-（引脚 A61、A62）：电机转子位置传感器（旋转变压器）余弦输出信号。

(15) 屏蔽地（引脚 A6、A37、A45）：信号线束的屏蔽线接地。

(16) CAN-H（引脚 A50）：CAN 诊断总线高线，信号在隐性数字 1 为 2.5 V 附近，显性数字 0 为 3.5 V 附近，与诊断仪通信用。

(17) CAN-L（引脚 A49）：CAN 诊断总线低线，信号在隐性数字 1 为 2.5 V 附近，显性数字 0 为 1.5 V 附近，与诊断仪通信。

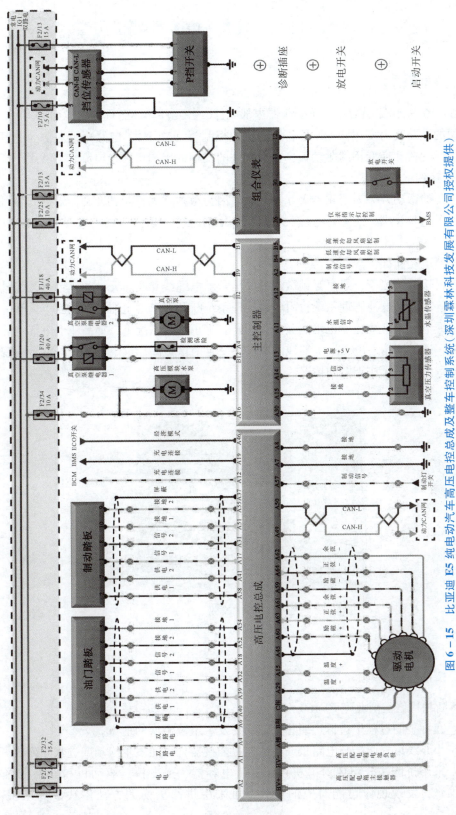

图 6-15 比亚迪 E5 纯电动汽车高压电控总成及整车控制系统（深圳霖科技发展有限公司授权提供）

第四节 北汽 EV160 变频器

一、变频器简介

图 6-16 为北汽 EV160 汽车变频器内部元件，各元件具体名称和功能如下。

上面的电路板为变频器控制器，即电机的控制器（MCU），电路板下左侧为电容器，电路板下为逆变桥和逆变桥的驱动板，在逆变桥的三相输出端有两个电流传感器用于实现电流 CLARK 变换的输入。

右上角的微动开关为变频器盖互锁开关，因为微动开关检测到变频器盖拆开后可断开电池箱内的上电继电器组。需要注意的是，北汽的一些电动汽车没有安装电池组中间的检修塞。

高压断电功能如下。

在点火接的情况下，通过互锁微动开关信号、电缆线和高压元件的互锁开关信号、绝缘检测信号等输入到电池管理系统，由电池管理系统断开上电继电器。在关断点火开关的情况下，上电继电器正常情况下也可能会全部断开。不正常的情况下，如高压上电继电器组触点有粘连时，通过高压上电主继电器线圈断电不一定能保证高压继电器断开，就会出现因无检修塞而导致的高压无法下电的情况。

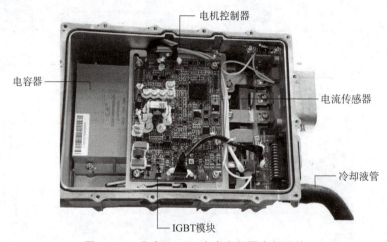

图 6-16 北汽 EV160 汽车变频器内部元件

二、检修经验

在诊断和检修类似北汽 EV160 汽车变频器时，以下经验可供参考。

（1）在拆装的过程中边拆边照相，记录易发生组装错误的地方。

（2）小心线束的两端与电路板或外部连接插接器处可能发生松动或进水故障。

（3）采用拼修法，不要对电机控制器、电容器、逆变桥、驱动板和电流传感器等元件进行维修，发现现象可能对应的位置，可采用拼修更换的方法解决故障来提高检修效率。

第七章

典型混合动力汽车变频器

车间里有一辆 2005 年款日本丰田普锐斯混合动力汽车，该车上电后无法 READY，经 GTS 检查为变频器电路故障或过压故障；也可能是升压转换器无法升压的故障。用一个旧的变频器拆下来的升压模块替换后，故障排除。

（1）能诊断变频器故障。
（2）能按模块更换方法进行变频器的维修。

第一节　第二代丰田普锐斯变频器诊断

一、第二代丰田普锐斯变频器简介

图 7-1 为第二代丰田普锐斯变频器，该变频器的逆变电路主要由智能功率模块

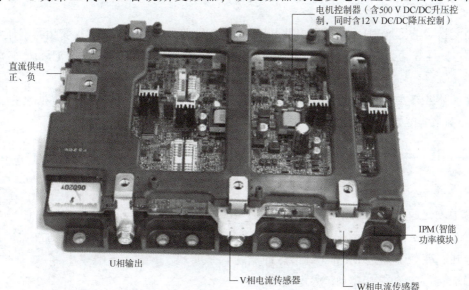

图 7-1　第二代丰田普锐斯变频器

(IPM)构成的逆变桥组成,IPM内部的核心是电动汽车换流的绝缘栅双极型晶体管,也称为IGBT。变频器总成内升压DC/DC和两套变频器担负着向MG1和MG2电机提供交流电的功能。

空调压缩机变频器和降压DC/DC分别隶属空调系统和电源系统。变频器U、V、W三相输出中的V、W相设置有霍尔电流传感器。

二、系统原理图

图7-2为第二代丰田普锐斯变频器总成内部结构原理。由图可知,HV-ECU通过10个端子控制MG1电机,通过13个端子控制MG2电机,通过7个端子控制升压DC/DC转换器。

三、电路图原理及诊断

(一)变频器电压传感器

1. 简述

HV-ECU使用安装在变频器内部的电压传感器来检查"增压"控制后的高压。变频器输入电压传感器的输出的值在0~5V之间变化。增压后的电压越高,传感器输出电压也越高,但实际输出电压在1.6~3.8V之间。因此,可通过HV-ECU监控变频器的输出电压来检测故障。图7-3为变频器电压传感器,图7-4为变频器电压输出电路。

【专业指导】电压大小(Voltage High,VH);变频器接地(Ground Inverter,GINV)。

2. 监控说明

HV-ECU监控变频器电压(VH)传感器电路。如果HV-ECU检测到VH传感器电路开路或短路故障,则HV-ECU点亮MIL并设定DTC。

3. 故障检测

当变频器电压(VH)传感器电路开路或GND短路显示电压为0V,变频器电压(VH)传感器电路+B短路显示电压为765V时,检修线束或连接器、带DC/DC的变频器总成和HV-ECU。

注:如果存在变频器电压(VH)传感器电路+B短路,则智能测试仪显示电压为765V。如果存在电路开路或GND短路,则智能测试仪显示电压为0V。

(二)电机三相驱动信号

1. 简述

为了改变通过MG1/MG2的电流方向,HV-ECU向变频器输出PWM波信号,控制IPM智能功率晶体管激活信号,打开或关闭功率晶体管。同时,为了控制加在MG1/MG2上的电压,变频器通过PWM(调谐脉冲宽度)来实现。

图7-5为电机三相驱动信号电路图。

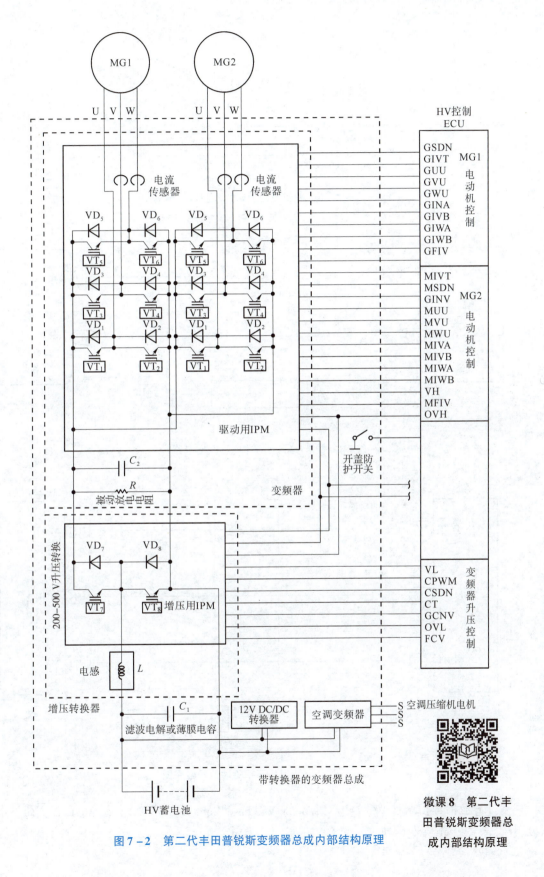

图 7-2 第二代丰田普锐斯变频器总成内部结构原理

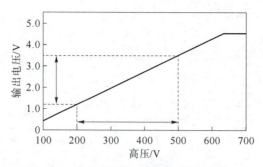

图 7-3　变频器增加后的电压传感器信号

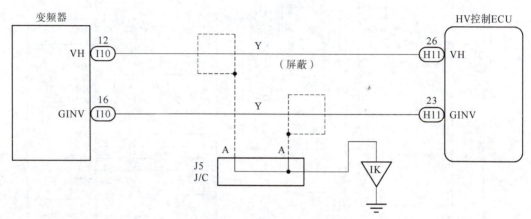

图 7-4　变频器电压输出电路

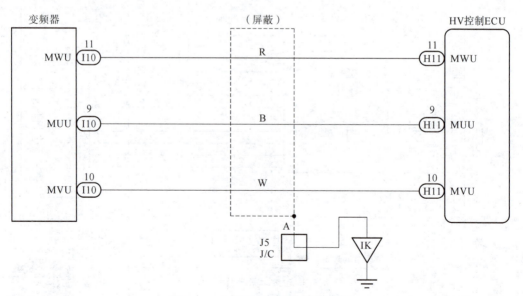

图 7-5　电机三相驱动信号电路图

【专业指导】电机 W 相电压（Motor W Phase Voltage，MWU）。而 MG1 电机的三相监控，只要把 M 换为 G 即可，如 GWU、GUU、GVU。

2. 监控说明

HV-ECU 监控电机 PWM 电路。如果传送至变频器的功率晶体管激活信号有误，则 HV-ECU 判定电机 PWM 电路存在故障。HV-ECU 点亮 MIL 并设定 DTC。

3. 故障检修

如果出现电机 PWM 电路异常，则检修线束或连接器和带 DC/DC 的变频器总成。

（三）电机过压检测

1. 简述

如果电机变频器检测到电路故障或过压，则变频器通过电机变频器过压信号线路将此信息传输至 HV-ECU 的 OVH 端子，通过 HV-ECU 监控电机变频过压信号线路来检测故障。

图 7-6 为电机过压检测电路图。

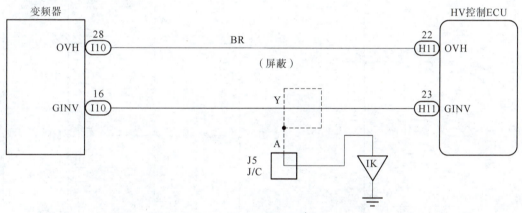

图 7-6 电机过压检测电路图

【专业指导】 电压过高（Over High，OVH）。

2. 监控说明

如果 HV-ECU 检测到 OVH 信号电路开路或短路故障，则 HV-ECU 点亮 MIL 并设定 DTC。如果电机变频器检测到过压，则将过压信号传输到 HV-ECU。当接收到此信号时，HV-ECU 就点亮 MIL 并设定 DTC。

3. 故障检修

如果出现变频器过压（OVH）信号电路短路，电机变频器过压（OVH）信号电路开路或 GND 短路，则检修线束或连接器和带 DC/DC 的变频器总成。

如果电机变频器检测到电路故障或过压，则变频器通过电机变频器过压信号线路将此信息传输至 HV-ECU 的 OVH 端子。其过压原因如下。

（1）电机变频器过压（OVH）信号检测（由变频器总成故障导致过压）。

（2）电机变频器过压（OVH）信号检测（由 HV-ECU 故障导致过压）。

（3）电机变频器过压（OVH）信号检测（由 HV 变速驱动桥总成故障导致过压）。

检修包括线束或连接器、HV 变速驱动桥总成、混合动力汽车电机、HV-ECU 和带

DC/DC 的变频器总成。

(四) 电机驱动信号

1. 简述

1 号发电机和电动机（Motor & Generator1，MG1），有电动和发电两种功能，但主要还是发电，所以端子用 G 表示。而 2 号电动机和发电机（Motor & Generator2，MG2），主要是作为电动机使用，所以端子用 M 表示。其中，GUU、GVU、GWU 用于驱动 MG1，而 MUU、MWU 和 MVU 用于驱动 MG2。

图 7-7 为电机驱动信号电路图。

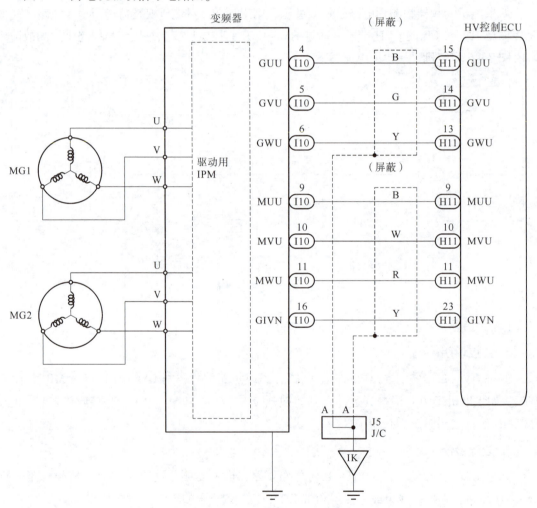

图 7-7 电机驱动信号电路图

U、V、W 为三相电机的电源输入端子。检查混合动力汽车电机总成时要注意高压，只有经过高压安全操作培训的人员才可以操作。

【专业指导】变频器 IPM 功率管发出的等幅正弦波脉冲宽度调节（Sinusoidal Pulse Width Modulator，SPWM）为矩形电压和电机线圈作用后最后得到的正弦波形。

图 7-8 为在 3 000 r/min 测到的波形。

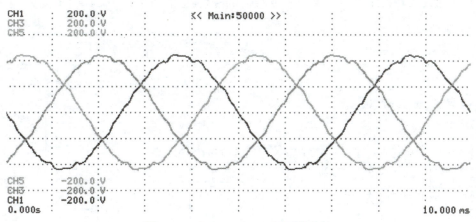

图 7-8 在 3 000 r/min 测到的波形

2. 电发机的检修

（1）用毫欧表测量混合动力汽车电机的三相交流电电缆端子间的电阻。电动机和发电机标准电阻每两相串联后，20 ℃时的阻值在 109 mΩ 和 135 mΩ 之间。如果电机温度过高，则电阻阻值会有显著变化，这会影响故障检测结果。因此，至少将车辆熄火 8 h 以后再测量电阻。

通过 $R_{20} = R_t/[1 + 0.00393(T - 20)]$ 计算修正电阻，其中 R_{20} 为转换至 20 ℃时的电阻（mΩ），R_t 为测量线路间的电阻（mΩ），T 为测量时的环境空气温度（℃）。端子 U-V、V-W 和 W-U 的最大电阻和最小电阻的差应小于 2 mΩ。

（2）绝缘电阻用兆欧表检查混合动力汽车电机的三相交流电电缆端子与车身接地间的绝缘电阻，应在 10 MΩ 以上。

3. 动态测试

用智能测试仪进行 ACTIVE TEST（动态测试）（变频器驱动强制停止），其具体操作如下。

（1）拆下检修塞卡箍和变频器盖后，如果打开电源开关（IG），将输出互锁开关系统的 DTC。

（2）将智能测试仪连接到 DLC3。

（3）打开电源开关（IG）。

（4）打开智能测试仪。

（5）进入菜单 Powertrain/Hybrid Control/Active Test。

（6）当变频器驱动强制停止时，测量变频器连接器端子间的电压。6 根驱动线对地电压为 12~16 V。

（五）IGCT 变频器复位

1. 简述

打开点火开关，在 HV-ECU 复位程序运行后，HV-ECU 的 M_{REL} 端子输出电流使主继电器 IGCT 开关闭合，向变频器的 IGCT 端子供电，变频器收到 IGCT 的控制信号后变频器复位运行,即 HV - ECU 通过 IGCT 控制变频器的复位运行。图 7 - 9 为 IGCT 变频器复位电路图。

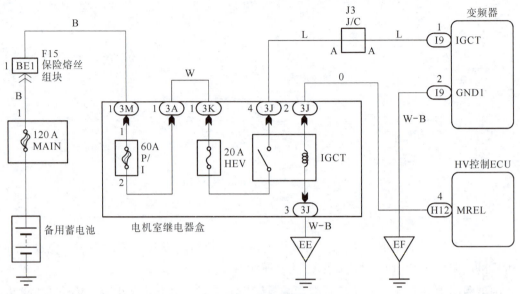

图 7 - 9 IGCT 变频器复位电路图

【专业指导】点火控制(Ignition Control,IGCT);地(Ground,GND);(供电)主继电器(Main Relay,MR)。

(六) 电机变频器故障输出 MFIV 和 MFIV 线故障监控

1. 简述

如果电机变频器出现电路故障、内部短路或过热,则变频器通过电机变频器故障信号线路将此信息传输至 HV - ECU 的 MFIV 端子。图 7 - 10 为电机变频器故障输出 MFIV 和 MFIV 线故障监控。

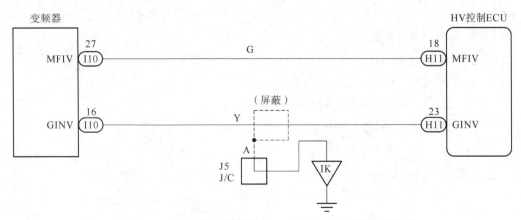

图 7 - 10 电机变频器故障输出 MFIV 和 MFIV 线故障监控

【专业指导】 变频器故障（Malfunction Inverter，MFIV）。

2. 监控说明

如果 HV - ECU 监控电机 MFIV 信号线路检测到 MFIV 信号电路开路或短路故障，则 HV - ECU 点亮 MIL 并设定 DTC。

3. MFIV 监控故障检修

接通 HV - ECU 监控电机变频器故障信号线路并检测故障。电机 MFIV 信号电路短路、电机 MFIV 信号电路开路或 GND 短路时检修线束或连接器和带 DC/DC 的变频器总成。

4. 变频器电路故障、过温和短路故障检修

如果 MFIV 输出故障，且故障原因较多，则要参考故障码，检修顺序如下。

(1) 线束或连接器。

(2) 变频器冷却系统。

(3) 带电机和支架的水泵总成。

(4) 冷却风扇电机。

(5) 2 号冷却风扇电机。

(6) HV 变速驱动桥总成。

(7) 混合动力汽车电机。

(8) HV 控制 ECU。

(9) 带 DC/DC 的变频器总成。

（七）电机驱动关闭 MSDN

1. 简述

若变频器 ECU 接收到 HV - ECU 的 MSDN 线送来的电机驱动关闭信号，则变频器将停止向 MG2 电机的 6 个 IPM 发送驱动信号。同时，HV - ECU 监控电机门关闭信号线路并检测故障。

图 7 - 11 为电机驱动关闭 MSDN 和 MSDN 监测。

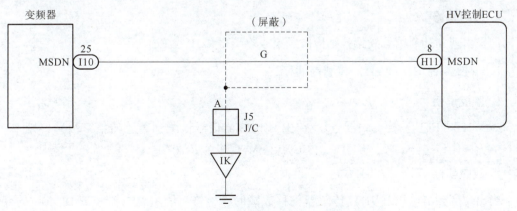

图 7 - 11　电机驱动关闭 MSDN 和 MSDN 监测

【专业指导】 电机驱动信号关闭（Motor Signal Down，MSDN）。

2. 监控说明

如果 HV-ECU 监控 MSDN 信号线路检测到 MSDN 信号电路开路或短路故障，则 HV-ECU 点亮 MIL 并设定 DTC。

3. 故障检修

如果 MSDN 信号电路开路或 +B 短路，电机门关闭（MSDN）信号电路 GND 短路，电机门关闭（MSDN）信号电路开路，则应检修线束或连接器和带 DC/DC 的变频器总成。

（八）MG2 扭矩监控

1. 简述

HV-ECU 根据行驶情况控制 MG2 扭矩。

2. 监控说明

如果 MG2 规定扭矩与实际 MG2 扭矩之间的差超过预定值，则 HV-ECU 判定 MG2 扭矩的执行和监控存在故障。同时，HV-ECU 点亮 MIL 并设定 DTC。

3. 故障检修

如果出现监控 MG2 扭矩性能故障，则检修混合动力汽车电机和带 DC/DC 的变频器总成。

（九）MG2 电机门关闭

1. 简述

一旦接收到 HV-ECU 的电机门关闭信号，则变频器将关闭激活 MG2 的功率晶体管强制停止 MG2 的工作。同时，HV-ECU 监控电机门关闭信号并检测故障。

2. 监控说明

如果 HV-ECU 监控 MSDN 信号线路检测到 MSDN 信号故障，则将点亮 MIL 并设定 DTC。

3. 故障检修

如果出现 MSDN 信号故障，则检修线束或连接器和 HV-ECU。

（十）变频器电压（VH）传感器偏移

1. 监控说明

如果 HV-ECU 监控变频器电压（VH）传感器信号检测到传感器信号故障，则 HV-ECU 判定 VH 传感器故障，且 HV-ECU 点亮 MTL 并设定 DTC。

2. 故障检修

当出现变频器电压（VH）传感器偏移故障时，检修系统主继电器和带 DC/DC 的变频器总成；当出现变频器电压（VH）传感器性能故障时，检修线束或连接器和带 DC/DC 的变频器总成。

(十一) 发电机 MG1 变频器故障

1. 简述

如果发电机变频器出现电路故障、内部短路或过热,则变频器通过发电机变频器故障信号线路将此信息传输至 HV 控制 EEU 的 GFIV 端子。HV – ECU 监控发电机变频器的故障信号线路并检测故障。

图 7 – 12 为发电机 MG1 变频器故障输出电路图。

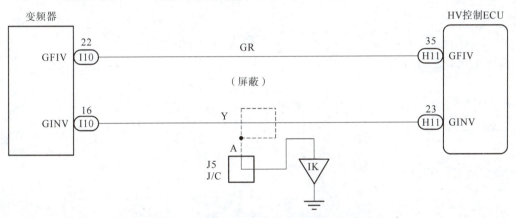

图 7 – 12　发电机 MG1 变频器故障输出电路图

【专业指导】发电机变频器故障（Generator Fault Inverter，GFIV）。

2. 监控说明

如果 HV 控制 EEU 检测到 GFIV 信号电路开路或短路故障,则 HV 控制 EEU 点亮 MIL 并设定 DTC。

3. GFIV 线故障检修

出现 GFIV 信号电路 + B 短路,发电机变频器故障（GFIV）信号、开路或 GND 短路时检修线束或连接器和带 DC/DC 的变频器总成。

4. GFIV 故障检修内容

检测仪显示发电机变频器故障（GFIV）信号检测（变频器过热）,要检修的元件如下。

（1）线束或连接器。

（2）变频器冷却系统。

（3）带电机和支架的水泵总成。

（4）冷却风扇电机。

（5）2 号冷却风扇电机。

（6）HV 变速驱动桥总成。

（7）混合动力汽车发电机。

（8）HV – ECU。

（9）带 DC/DC 的变频器总成。

(十二) 发电机 MG1 驱动关闭

1. 简述

当接收到 HV – ECU 的发电机门关闭信号时，变频器将关闭激活 MG1 的功率晶体管强制停止 MG1 的工作。HV – ECU 监控发电机门关闭信号线路并检测故障。

图 7 – 13 为发电机 MG1 驱动关闭电路图。

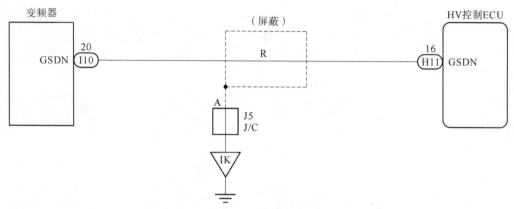

图 7 – 13　发电机 MG1 驱动关闭电路图

【专业指导】发电机驱动信号关闭（Generator Signal Down，GSDN）。

2. 监控说明

如果 HV – ECU 监控发电机门关闭（GSDN）信号线路检测到 GSDN 信号电路开路或短路故障，则 HV – ECU 点亮 MIL 并设定 DTC。

3. 故障检测

出现发电机门关闭（GSDN）信号电路开路或 + B 短路，发电机门关闭（GSDN）信号电路 GND 短路，发电机门关闭（GSDN）信号电路开路时，要检修线束或连接器和带 DC/DC 的变频器总成。

(十三) 发电机 MG1 扭矩监测

1. 简述

HV – ECU 根据行驶情况控制 MG1 扭矩。

2. 监控说明

如果 MG1 规定扭矩与实际 MG1 扭矩之间的差超过预定值，则 HV – ECU 判定 MG1 扭矩的执行或监控存在故障。同时，HV – ECU 点亮 MIL 并设定 DTC。

3. 故障检修

监控到 MG1 扭矩性能故障，检修混合动力汽车发电机和带 DC/DC 的变频器总成。

(十四) MG1 发电机驱动关闭

1. 简述

当接收到 HV – ECU 的发电机门关闭信号时,变频器将关闭激活 MG1 的功率晶体管,并强制停止 MG1 的工作。HV – ECU 监控发电机门关闭信号线路并检测故障。

2. 监控说明

如果 HV – ECU 监控 GSDN 信号线路检测到 GSDN 信号故障,则点亮 MIL 并设定 DTC。

3. 故障检修

发电机门关闭（GSDN）信号故障,检修线束或连接器和 HV – ECU。发电机变频器门关闭时,检修线束或连接器和带 DC/DC 的变频器总成。

(十五) 电机电流传感器

1. 简述

在 MG1 发电机和 MG2 电动机的 U、V、W 三相输出中,V 和 W 两相安装有非接触式电流传感器,电流传感器检测到流过变频器和电机的 V 相和 W 相电缆的电流。变频器将其作为控制所必需的信息,如将电流和电压传送到 HV – ECU。控制 ECU 监控电机变频器电流传感器。如果检测到故障,则将会点亮 MIL 并设定 DTC。

图 7 – 14 为 MG1 发电机电流传感器电路图,图 7 – 15 为 MG2 电动机电流传感器电路图。

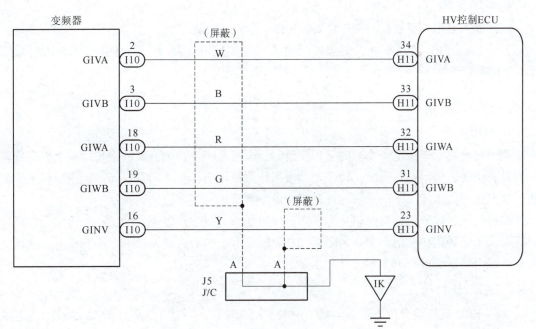

图 7 – 14　MG1 发电机电流传感器电路图

【专业指导】GIVA 中 G 是发电机,I 是电流,V 是 V 相绕组,GIVA 译为 V 相电流。GIWA 是 W 相电流。GINV 是两电流传感器的共用端子。

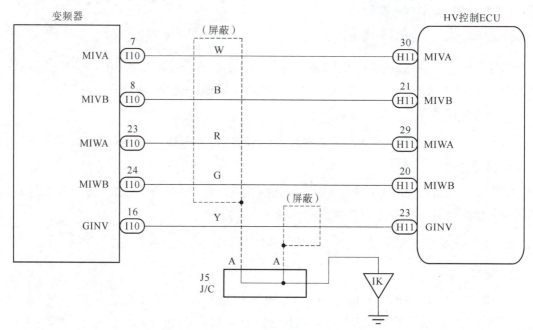

图 7-15 MG2 电动机电流传感器电路图

【专业指导】MIVA 中 M 是电动机，I 是电流，V 是 V 相绕组，MIVA 译为 V 相电流。MIWA 是 W 相电流。GINV 是两电流传感器的共用地端子。

2. 检修步骤

检修线束电阻、对地和对 +B 是否有短路。

如果 HV-ECU 监控发电机变频器的电流传感器检测到故障，则将会点亮 MIL 并设定 DTC。1 号发电机与 2 号电动机电流传感器检修方法相同。

(十六) 三相电机驱动

1. 简述

当三相交流电流过定子线圈的三相绕组时，电机会产生一个旋转的磁场。系统根据旋转位置和转子转速控制旋转磁场，转子上的永磁体就被拉向转动方向，从而产生扭矩。产生的扭矩和电流的大小成正比，系统通过调节交流电频率来控制电机的转速。

电机定子和转子的夹角控制是为了在高速时能够有效地产生更大的扭矩，通常会在高速时控制定子磁场偏移一定角度。如图 7-16 所示，定子的励磁磁极 N 和 S 不在中间，这样更有利于吸引转子的 N 极和 S 极产生更大的转矩。

2. 监控说明

HV-ECU 监控混合动力汽车电机（MG2）。如果 HV-ECU 检测到 MG2 的磁力减退或相间短路，则判定 MG2 故障。同时，HV-ECU 点亮 MIL 并设定 DTC。

3. 故障检修

当出现 MG2 电机故障时，检修电机和变频器总成。MG1 在电机自诊故障上与 MG2 相同。

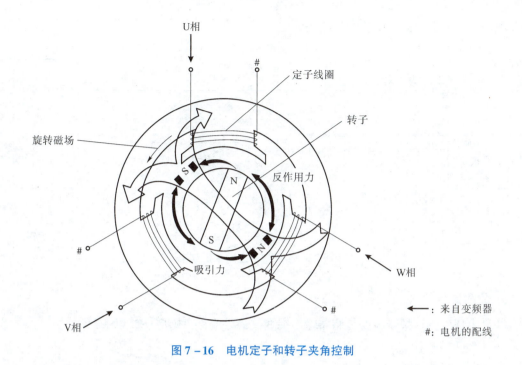

图 7-16 电机定子和转子夹角控制

(十七) MG2 电机的动力补偿

1. 监控说明

HV-ECU 监控电机 MG2 的能量平衡。当 MG2 充电或放电时，如果 HV-ECU 电流传感器检测到电量故障，则点亮 MIL 并设定 DTC。

2. 故障检修

当出现 MG2 小动力补偿和大动力补偿故障时，检修蓄电池电流传感器和混合动力汽车电机。

3. 检查蓄电池电流传感器

标准电阻：将正极探针连接到端子 1（VIB），将负极探针连接到端子 2（GIB），电阻在 3.5~4.5 kΩ 范围内，反向测量电阻在 5~7 kΩ 范围内或更大。将正极探针连接到端子 1（VIB），将负极探针连接到端子 3（IB），阻值在 3.5~4.5 kΩ，反向在 5~7 kΩ 范围内或更大。MG1 在电机自诊故障上与 MG2 相同。

(十八) 电机变频器温度传感器故障

1. 简述

HV ECU 使用安装在变频器内部的温度传感器来检测电机变频器的温度。用通往 MG1 和 MG2 的同一冷却系统冷却变频器，该冷却系统与发动机冷却系统相独立。电机变频器温度传感器的特点与增压转换器温度传感器相同。为了检查变频器冷却系统的作用和防止冷却系统过热，HV ECU 根据电机变频器温度传感器传来的信号来限制负载的大小，同时还检测电机变频器温度传感器电路故障和传感器本身的故障。

图 7-17 为变频器温度监测电路图。

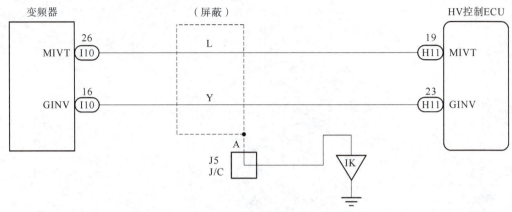

图 7-17 变频器温度监测电路图

2. 故障检修

如果出现电机变频器温度传感器输出突变、信号偏移，则应检修以下部位。

(1) 线束或连接器。
(2) 变频器冷却系统。
(3) 带电机和支架的水泵总成。
(4) 冷却风扇电机。
(5) 2 号冷却风扇电机。
(6) 带转换器的变频器总成。

如果出现电机变频器温度传感器电路开路或 GND 短路则显示为"205 ℃"；如果 +B 短路则显示为"-50 ℃"，此时应检修线束或连接器、带转换器的变频器总成和 HV ECU。

(十九) 发电机变频器温度传感器

1. 简述

图 7-18 为发电机变频器温度传感器电路图。

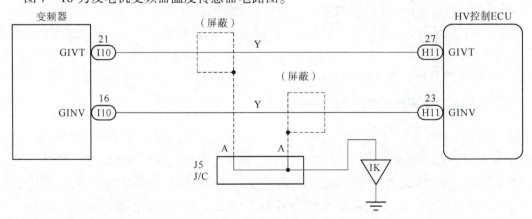

图 7-18 发电机变频器温度传感器电路图

2. 故障检修

如果出现发电机变频器温度传感器输出突变、输出偏移,则应检修线束或连接器、变频器冷却系统、带电机和支架的水泵总成、冷却风扇电机、2 号冷却风扇电机、带转换器的变频器总成。

当出现发电机变频器温度传感器电路开路或 GND 短路、+B 短路时,检修线束或连接器、带转换器的变频器总成、HV ECU。

第二节　第三代丰田普锐斯变频器

一、第三代变频器

图 7-19 为第三代丰田普锐斯变频器控制单元和逆变桥。MG1、MG2 电机的变频器相比第二代集成度更高,体积大幅值减小,电动空调的变频器由原来第二代内置在变频器上,改进为设计在电动空调压缩机上。

图 7-19　第三代丰田普锐斯变频器控制单元和逆变桥

如图 7-20 为第三代丰田普锐斯 DC/DC 转换器,左侧为降压用,右侧为升压用。

图 7-20　第三代丰田普锐斯 DC/DC 转换器

图 7-21 为第三代丰田普锐斯变频器总成内部结构原理。

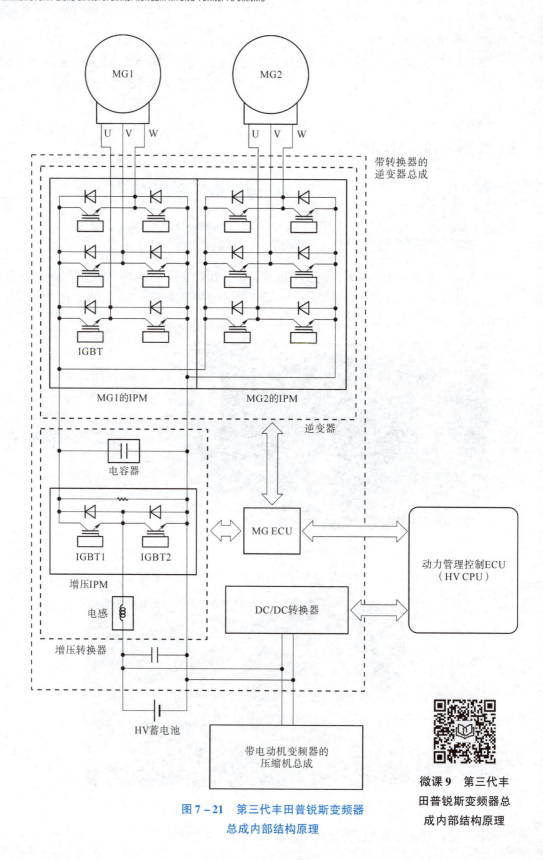

图 7-21 第三代丰田普锐斯变频器总成内部结构原理

微课 9 第三代丰田普锐斯变频器总成内部结构原理

第三节　第三代丰田普锐斯变频器自诊断

一、电机解角传感器

电机解角传感器是用来检测电机转子的磁极位置的传感器，如图7-22所示。磁极位置对于保证MG2和MG1的精确控制来说是必不可少的。各解析器都包括由励磁线圈和两个检测线圈（S、C）组成的定子。由于转子是椭圆形的，故在转子转动的过程中，定子和转子之间的间隙会发生改变。预定频率10 kHz（或5 kHz）、12 V的正弦交流电流过励磁线圈，并检测线圈S和C输出与传感器转子位置相对应的交流电。

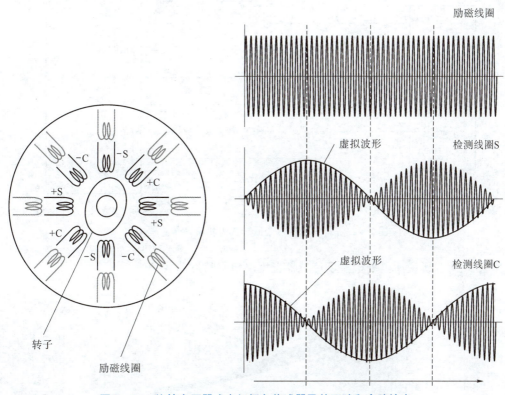

图7-22　旋转变压器式电机解角传感器及其正弦和余弦输出

带转换器的逆变器总成（MG ECU）根据检测线圈S（SIN）和C（COS）的相位及其波形的高度，检测转子的绝对位置。此外，MCU计算预定时长内位置的变化量，从而将解析器作为转速传感器使用。MG ECU监测电动机解析器的输出信号，并检测故障。

注：术语"驱动电动机A"指MG2。

图7-23为普锐斯旋转变压器式电机解角传感器电路图。

二、驱动电动机温度传感器

置于电动机温度传感器内的热敏电阻的阻值随MG2温度的变化而变化。MG2温度越低，热敏电阻的阻值越大；反之，温度越高，阻值越小。

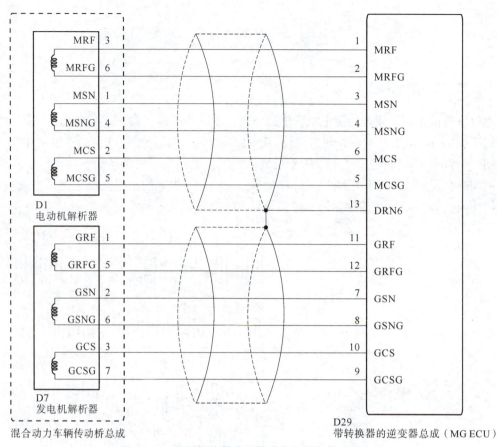

图 7-23　普锐斯旋转变压器式电机解角传感器电路

图 7-24 为普锐斯电动机温度传感器温度-电阻特性曲线。

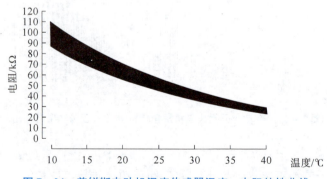

图 7-24　普锐斯电动机温度传感器温度-电阻特性曲线

图 7-25 为普锐斯电动机温度传感器电路图。驱动电动机"A"温度传感器，-40 ℃ 断路或对 +B 短路，215 ℃ 短路或对搭铁短路。

三、发电机温度传感器

置于发电机温度传感器内的热敏电阻的阻值随 MG1 温度的变化而变化。MG1 温度越低，热敏电阻的阻值越大；反之，温度越高，阻值越小。

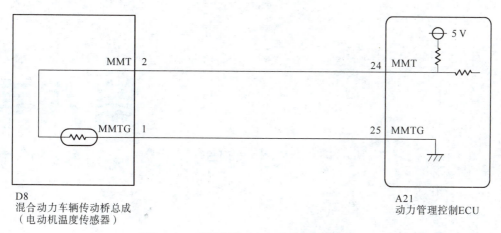

图 7 – 25　普锐斯电动机温度传感器电路图

图 7 – 26 为普锐斯发电机温度传感器温度 – 电阻特性曲线。

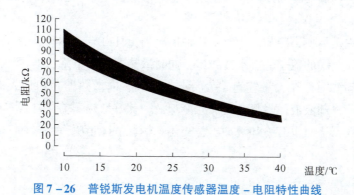

图 7 – 26　普锐斯发电机温度传感器温度 – 电阻特性曲线

图 7 – 27 为普锐斯发电机温度传感器电路图。发电机温度传感器断路或对 + B 短路的数据显示为 – 40 ℃，短路或对搭铁短路的数据显示为 215 ℃。

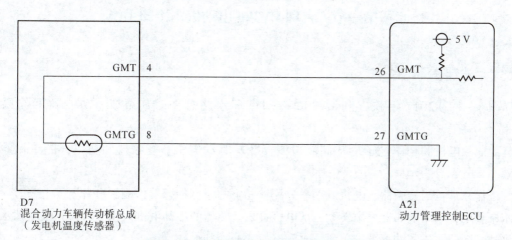

图 7 – 27　普锐斯发电机温度传感器电路图

第八章

典型纯电动汽车冷却系统诊断

车间里有一辆 2014 年款的一汽奔腾 B50 纯电动汽车，车主反映该车充电时间很长，打开散热器盖，经检查储液罐的冷却液数量正常，盖散热器盖子后，检查冷却液水泵电机转动也正常。

经询问，车主是更换了冷却液后发生这种情况的，怀疑有气体在水泵处导致冷却液循环不畅，重新打开储液罐的盖子，有水柱冲出，同时散热器液面下降，但在加液口时不时有气体放出，怀疑冷却液中存在大量气泡。关闭点火开关，向散热器盖中加入冷却液，等待一会，散热器盖中的冷却液液面降下，再加入冷却液，盖好散热器盖，打开点火开关让水泵循环，直至打开散热器盖时没有冷却液冲出，交还车辆，故障消除。

（1）能判断出冷却水泵是否工作。
（2）能对冷却系统进行放气操作。

第一节 吉利 EV300 电动汽车冷却系统

一、冷却循环路径

图 8-1 为 2017 年款吉利 EV300 冷却循环水路总图，其组成、功能和工作原理如下。

组成：电机和功率电子冷却储液罐储存冷却驱动电机、变频器和功率分配单元的冷却液。

工作原理：当变频器、电机或功率分配单元上的温度传感器检测到自身温度上升时，电动水泵转动，同时散热器风扇转动，从电机进入散热器的冷却液进入水泵入口，经电动水泵后到达变频器，进入功率分配单元，再到电机形成冷却循环。

功能：储液罐下部的管路起到补水作用，而储液罐左上侧的水管起到排气的作用。汽车空调加热、制冷与电池加热、冷却之间采用热交换器来实现冷热交换。

汽车空调加热和电池加热工作原理：暖风水泵流出的冷却液经PTC加热器加热后，经过两位三通电磁阀控制冷却液流向，这里是电池加热优先于空调加热，热的冷却液经过暖风散热器给车内加热。给电池加热的热冷却液流经电池加热交换器，把热量传给电池冷却液。电池冷却液经电池控温水泵输出到电池制冷交换器，但此时电池制冷交换器不工作，热的冷却液向右流到电池箱的动力电池底部，实现对电池的加热。由于加热器的位置较高，所以采用从加热器引出排气管到电机和功率电子冷却液罐的方法。

微课10　变频器和电机冷却

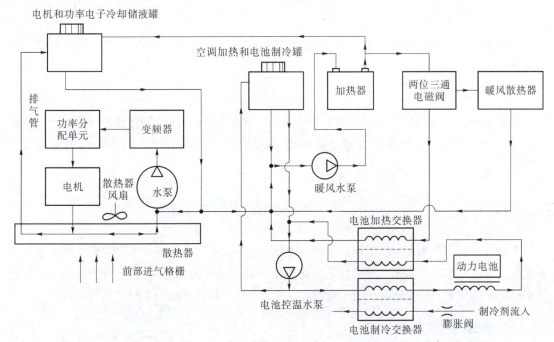

图8-1　2017年款吉利EV300冷却循环水路总图（左侧部分为变频器和电机冷却）

2017年款吉利EV300汽车空调采用空调低压管对高压管冷却的高效型空调。

电池冷却原理：当电池过热时，热电池冷却液经电池控温水泵输出到电池制冷交换器，此时电池制冷交换器工作，把热量传给冷交换器的冷侧。在冷侧，空调的制冷剂流经电池制冷用的膨胀阀（注意不要误认为是空调蒸发箱的膨胀阀）进入冷交换器，电池热量经冷交换器传递给冷的电池冷却液，从而实现电池的冷却。左侧的电机、变频器和功率电子单元组成的冷却系统和右侧空调和电池组成的系统在下侧有连通的管路。

二、变频器过热故障

变频器元件出现故障的可能性较小，更多时候是冷却系统出现故障，其常见原因如下。

（1）缺少冷却液。

（2）前部散热器出现外部堵塞。

（3）电动水泵电路损坏。

（4）冷却风扇电路损坏。

（5）热传感电路损坏。

三、变频器元件故障

（一）驱动板故障

从电路修理的经验来讲，驱动板是易发生故障的位置，但实际这款变频器的可靠性很高。若损坏，则可用拼修的方法解决。

（二）电流传感器故障

变频器对电流传感器是有自诊断功能的，可在自诊断的帮助下判别故障。消除故障时可采用拼修法。

（三）电容器故障

母线电容器漏电故障的判别较难，但可通过上电继电器闭合前需要更多时间用于给电容充电这一现象来判别，可采用大容量的 LCR 测量表（电感电容电阻测量表）测量电容的好坏。

第二节 电机和变频器冷却系统

电动汽车冷却技术是车辆辅助系统的核心技术之一，是动力、传动装置正常工作的重要技术保证，其技术水平及实车工况的状态，将直接影响车辆性能指标的实现。电动汽车的性能，特别是高温环境下的最大速度、最大爬坡度在很大程度上取决于冷却系统的热负荷特性。

一、热量的产生

1. 电机生热

汽车电机的工作电流大，铜线因电阻生热多，加之变化的电流产生的磁场会在定子硅钢片内和转子硅钢片内感应出电流生热，所以应合理控制温度，否则会出现绝缘下降、电机退磁和效率降低等问题。此外，要采用专门的冷却介质，一般采用油或防冻液作为冷却液。图 8-2 为电动汽车电机定子壳体上的螺旋冷却水道，其制作过程是在定子壳体外加工出螺旋冷却水道，然后在外部套上壳体，两侧堵焊，外接冷却水管与冷却水泵相连。

注：现在已研制出一种新型的蒸发式冷却电机，这种电机是根据相变传热原理在液体-气体转变过程中实现高效传热。它的质量比相同功率的普通电机要轻 40% 左右。

2. 逆变桥生热

电动汽车的电机在工作中会有大量的热产生，特别是变频器内的 IGBT 模块生热和热集中情况严重。

例如，某电机和电机驱动器一体化系统，电机额定输出功率为 24 kW，电机最大输出功率为 60 kW，电机驱动器额定输入电压为 312 V，电机驱动器额定母线电流为 86 A，最大母线电流为 236 A。在电机额定输出功率下，电机驱动器发热损耗约为 1.0 kW，电机发热损耗

图 8-2　电动汽车电机定子壳体上的螺旋冷却水道

约为 1.53 kW，因而电机和电机驱动器在额定输出功率下的总功耗为 2.53 kW，这个功率相对较大，能够很快升高冷却液温度，所以应尽快散热，防止温升。

电机驱动系统的功率限制因素。整个机电系统的功率转换以串联的形式实现，所以系统功率由转换过程中功率最小的环节决定，即电池功率由电池的电压和电流能力决定，变频器的功率由功率半导体器件（IGBT 或 MOSFET）的电压和电流能力以及散热能力决定，电机的功率由电机和散热能力决定。

3. DC/DC 转换器生热

除了电机变频器和牵引电机外，还有小功率的 DC/DC 转换器或 DC/AC 变频器。变频器产生的交流电用来驱动空调压缩泵。控制装置一般允许的最高温度为 60~70 ℃，而最佳工作环境温度范围是 40~50 ℃。当周围环境的温度较高时，很容易达到其上限温度，所以必须采取专门的冷却装置，对其温度进行控制。

发动机冷却系统可称为第一冷却系统，而由变频器、电动机或 DC/DC 等组成的冷却系统可称为第二冷却系统。

对于客车，没有空间上的要求，冷却较简单。对于轿车，空间是电动车的一个重要问题，所以要有一套完整的散热机构，从热交换材料、结构、冷却介质、电控风扇到水泵电机。另外，冷却控制方法上轿车要比客车设计复杂和精确得多。目前，已经生产的电动汽车中电机驱动控制系统的冷却方式主要有强迫风冷和液冷。液冷效果较好，其中，油冷的冷却能力为强迫风冷的 20 倍以上，水冷的冷却能力为强迫风冷的 50 倍以上，采用液冷系统的电机和电机驱动系统是适合于电动汽车冷却的必然趋势。

二、变频器、电机串联冷却系统

图 8-3 为丰田普锐斯第二冷却系统。普锐斯冷却系统用于变频器总成、MG1 和 MG2，采用了配备有电动水循环泵的冷却系统。当电源状态转换为 IG（点火）时，此冷却系统工作。冷却系统的散热器集成在发动机的散热器中。这样，散热器的结构得到简化，空间也得到有效利用。

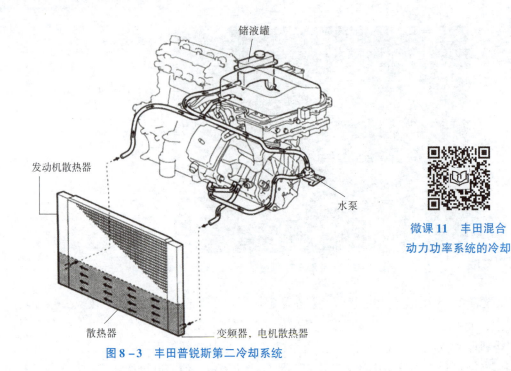

图 8-3 丰田普锐斯第二冷却系统

注：第二冷却系统的增压和降压 DC/DC 转换器、辅助蓄电池 DC/DC、MG1 和 MG2 电机变频器集成在一体进行冷却。

三、发动机、变频器和电机冷却系统

图 8-4 为奥迪 Q5 混合动力汽车冷却系统。为了冷却电驱动功率和控制装置 JX1 中的逆变桥，奥迪 Q5 增设了一个低温冷却循环回路。在冷却液循环和温度管理方面引入了发动机控制系统 MED. 17.1.1，它有 3 个处理器，可以实现创新温度管理。使用这种控制单元的目的是通过改进车辆热平衡，来进一步降低油耗和 CO_2 排放。

改进热平衡是指将所有生热部件和需要加热的部件连接，如发动机和变速器上的温度保持功能将能使发动机工作在效率最佳的范围内。

奥迪 Q5 混合动力汽车上的冷却系统分为低温循环和高温循环。当发动机不工作时，冷却液是由电动冷却液泵来循环的。

发动机冷却系统为高温循环部分，组件包括暖风热交换器、冷却液截止阀（N82）、电机（V141）、高温循环冷却液泵（V467）、冷却液泵、废气涡轮增压器、发动机机油冷却器、冷却液温度传感器（G62）、特性曲线控制的发动机冷却系统节温器（F265）、冷却液续动泵（V51）、高温循环散热器、变速器机油冷却器。

电机驱动为低温循环部分，组件包括电驱动装置的功率和控制装置（JX1）、低温循环冷却液泵（V468）、低温循环散热器。

F265 根据发动机 ECU 内的特性曲线来调节节温器开启。

G62 为发动机冷却液温度传感器。

J293 为散热器风扇控制单元。

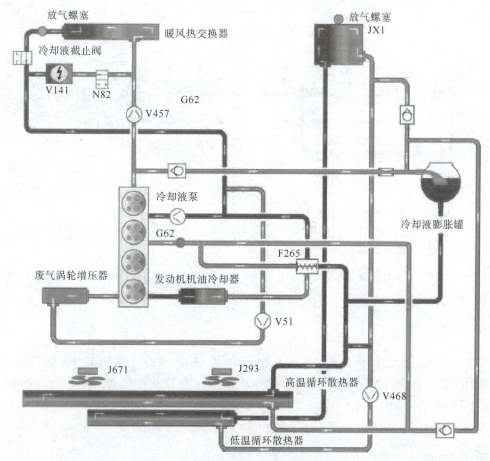

图 8-4 奥迪 Q5 混合动力汽车冷却系统

J671 为散热器风扇控制单元 2。

JX1 为电动机构功率和控制装置。

N82 为冷却液截止阀（在热的一侧）。

V51 冷却液续动泵。

V141 为电机。

V467 为高温循环冷却液泵。

V468 为低温循环冷却液泵，其控制途径如下。

（1）由电驱动装置的功率和控制电子装置 JX1 来控制。

（2）由发动机控制单元 J623 来控制。

（3）由空调控制单元 J255 经空调冷却液截止阀 N422 来间接控制。

四、奔驰 400 混合动力汽车的冷却系统

图 8-5 为奔驰 400 混合动力汽车的冷却系统。这种 DC/DC 转换器和电机功率控制器分体时的冷却，也称为串联冷却。

混合动力汽车发动机的冷却和电动机冷却是可以设计在一起的，但功率电子元件必须选

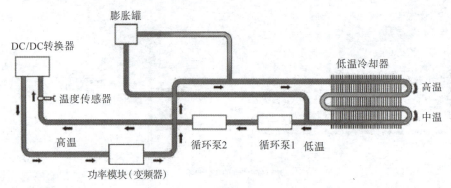

图 8-5 奔驰 400 混合动力汽车的冷却系统

择独立冷却或与电动机组成独立冷却系统。这种冷却在仪表上不设计电动机的水温表，而是用电机温度过高的符号表示。

国外由于电动汽车发展比较成熟，故电动汽车中的电子功率热源电机变频器和 DC/DC 通常集中在一个散热片上，这时有电机和功率电子两部分热源。

五、双面冷却技术

过去，丰田汽车的普锐斯及皇冠等车型一直利用单面水冷冷却 PCU 内的功率半导体。混合动力车雷克萨斯 LS600 h 的功率半导体从两面进行冷却，单面冷却半导体元件流过 200 A。采用双面冷却技术后，可流过 300 A 以上的电流，使单位体积的输出功率比原来提高了 60%。在相同的输出功率情况下，体积则可比原来减小约 30%，质量减轻约 20%。

六、增加输出功率的办法

增加 PCU 的功率半导体元件数量或使元件流过比原来更大的电流时，PCU 存在的问题是散热。由于现在的车载用功率半导体最高可耐 150 ℃ 高温，因此需要采用始终将温度保持在 150 ℃ 以下的冷却结构。

1. 多面冷却技术

单面冷却技术不足以解决大电流功率半导体的散热问题，因此采用了半导体的上下两面全加散热器的双面冷却结构。

2. 耐热半导体

功率半导体的耐热性有可能得到彻底解决。例如，现在使用的是 Si（硅）晶圆，但如果用 SiC（碳化硅）材料做的话，耐热性将大幅提高，同时还能够通过更大的电流。

第九章

典型电动汽车空调电机变频器

车间里有一辆奔腾 B50 纯电动汽车，车主反映该车空调无制冷，经测试发现电动变频压缩机在打开空调开关时不转动，但是直流高压供电正常，低压控制供电也正常。

打开压缩机变频器的上盖（不拆开制冷剂的管路），发现电路板上与低压控制连接的几个焊点全部因腐蚀而连通，清除焊点上的腐蚀，涂上防锈油装车，打开空调，电动压缩机转动正常，出风口冷风温度正常。

(1) 能说出电动涡旋式压缩机的结构和工作原理。
(2) 能说出 PTC 加热器的结构和工作原理。
(3) 能通过听电动压缩机是否转动的方法判断变频器逆变桥是否工作。

第一节 普锐斯电动汽车空调压缩机

一、电动涡旋式压缩机

新款普锐斯上的 ES18 电动变频压缩机由内置电机驱动。除了由电机驱动的部件外，压缩机的基本结构和工作原理与旧款普锐斯上的涡旋压缩机相同。空调变频器提供交流电（201.6 V）驱动电机。变频器集成在混合动力系统的变频器上，即使发动机不工作，空调控制系统也能正常运行，从而达到良好的空气状况，减少了油耗。由于采用了电动变频压缩机，压缩机转速可以被控制在空调 ECU 计算的所需转速内。因此，冷却性能和除湿性能都得到了改善，并降低了功率消耗。压缩机的进气、排气软管采用了低湿度渗入软管，这样可以减少进入制冷循环中的湿气。压缩机使用高压交流电。如果压缩机电路发生开路或短路，HV-ECU 将切断空调变频器电路来停止向压缩机供电。为了保证压缩机和压缩机壳内部高压部分的绝缘性能，新款普锐斯采用了有高绝缘性的压缩机油（ND11）。因此，在添加机油时不能使用除 ND11 型压缩机油或它的同等品外的压缩机油。

二、结构

图9-1为电动变频压缩机内部结构,电动变频压缩机包含一对螺旋线缠绕的固定蜗形管和可变蜗形管、无刷电机、油挡板和电机轴。固定蜗形管安装在壳体上,轴的旋转引起可变蜗形管在保持原位置不变时发生转动,这时,由这对蜗形管隔开的空间大小发生变化,实现制冷气的吸入、压缩和排出等功能。将进气管直接放在蜗形管上可以直接吸气,从而可以提高进气效率。压缩机中有一个内置油挡板,可以挡住制冷循环过程中与气态制冷剂混合的压缩机油,使气态制冷剂循环顺畅,从而降低机油的循环效率。

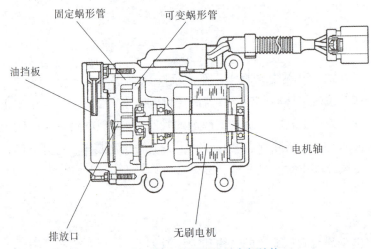

图9-1 电动变频压缩机内部结构

三、工作原理

图9-2为电动涡旋式压缩机的定子叶片和晃子叶片实物。

图9-2 电动涡旋式压缩机的定子叶片和晃子叶片实物
(a) 定子叶片;(b) 晃子叶片

图9-3为电动变频涡旋压缩机的工作原理。

(1) 吸入过程。在定子叶片(固定蜗形管)和晃子叶片(可变蜗形管)间产生的压缩室的容量随着晃子叶片的晃动而增大,这时气态制冷剂从进风口吸入。

(2)压缩过程。吸入过程完成后,随着晃子叶片继续转动,压缩室的容量逐渐减小。这样,吸入的气态制冷剂逐渐压缩并被挤压到定子叶片的中心。当晃子叶片转动约 2 周后,制冷剂的压缩完成。

(3)排放过程。当气态制冷剂压缩完成且压力较高时,通过按压排放阀,气态制冷剂通过定子叶片中心排放口排出。

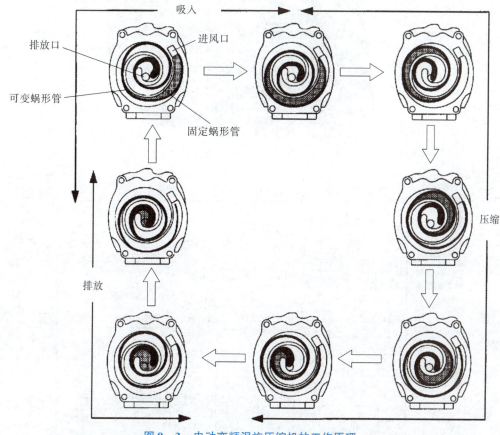

图 9-3 电动变频涡旋压缩机的工作原理

第二节 普锐斯空调变频器

一、电动空调变频器

在纯电动汽车或混合动力汽车的空调压缩机上,电动汽车的空调压缩机采用空调变频器驱动。图 9-4 为普锐斯空调变频器实物。

二、工作原理

图 9-5 为普锐斯空调变频器内部原理,变频器总成中的空调变频器为空调系统中电动变频压缩机供电,变频器将 HV 蓄电池的额定电压 DC 201.6 V 转换为 AC 201.6 V 来为空调系统中的压缩机供电。

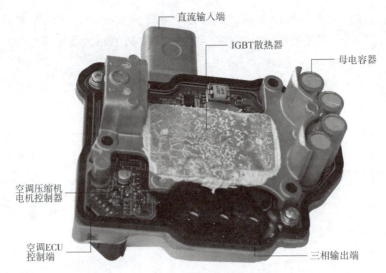

图 9-4 普锐斯变频器实物

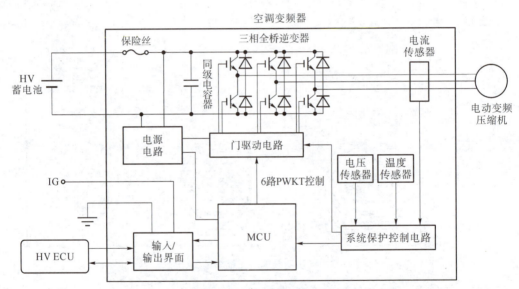

图 9-5 普锐斯空调变频器内部原理

【专业指导】为什么空调压缩机要采用高压供电,不采用 12 V 供电呢?

原因是 1 mm² 供电线通常通过 5 A 电流,若 6 kW 电动机 12 V 电压则需要供电线为 100 mm²,这样的线又粗又硬,根本无法绕成电机内的绕组。事实上,电动汽车上的大功率设备全都需要高压供电,否则供电线都成问题。

微课 12 空调变频器内部原理

空调变频器的具体的工作原理:混合动力控制单元(HV-ECU)控制变频器总成中的 MCU(微控制器)对门驱动电路进行驱动,通过 6 个 IGBT 把直流电逆变成交流电,电机的转速由变频控制信号的频率决定,而变频控制信号频率由空调 ECU 通过 HV-ECU 控制电动压缩机。

三、电动变频压缩机转速控制

图9-6为电动变频压缩机转速控制。空调ECU根据目标蒸发器温度（由车内温度传感器、湿度传感器、环境温度传感器和日照传感器计算而来）和蒸发器温度传感器检测的实际蒸发器温度计算压缩机目标转速。同时，空调ECU发送目标转速到HV-ECU。HV-ECU根据目标转速控制空调变频器，控制压缩机以符合空调系统操作的速度工作。空调ECU计算包含根据车内湿度（从湿度传感器获得）产生的校正数值的目标蒸发器温度和风挡玻璃内表面湿度（从湿度传感器、日照传感器、车内温度传感器、模式风门位置和刮水器工作状态计算而来）。这样，空调ECU控制压缩机转速使冷却性能和除雾性能不受影响，实现了乘坐舒适和低油耗等目标。

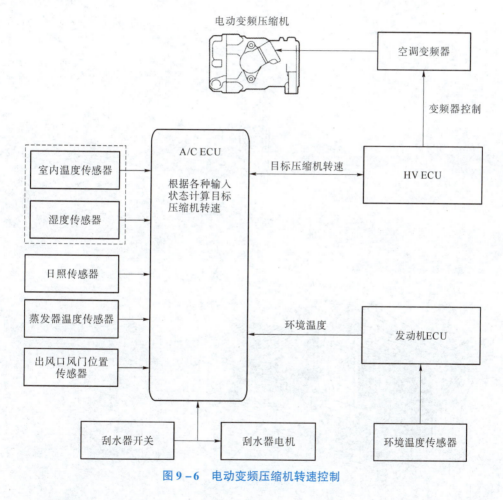

图9-6 电动变频压缩机转速控制

四、主组件位置图

图9-7为第二代丰田普锐斯的主组件位置，特别要注意的是电动的空调压缩机用于制冷，制热采用发动机的冷却水加热为主，辅以12V供电的电加热器。

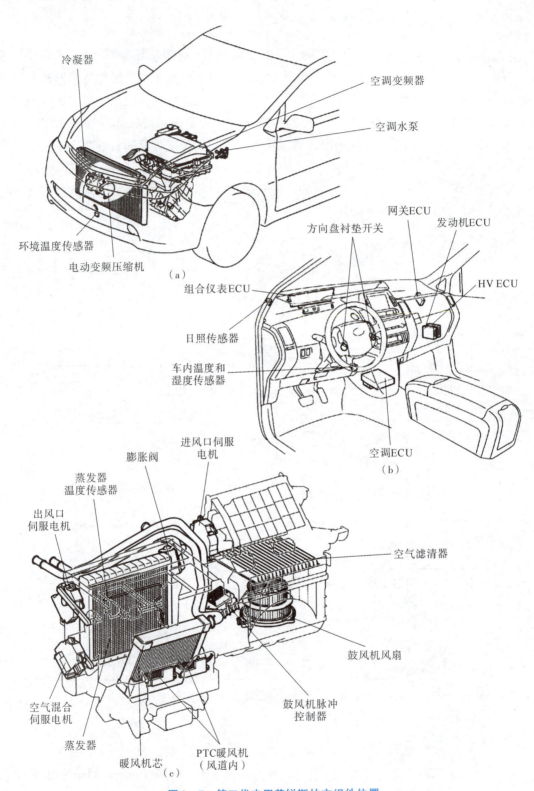

图9-7 第二代丰田普锐斯的主组件位置

(a) 发动机舱元件位置；(b) 驾驶室元件位置；(c) 蒸发箱元件位置

五、空调其他部件介绍

1. 蒸发器

第二代丰田普锐斯采用了 RS（改良型条状）蒸发器。在蒸发器装置的顶部和底部有储液罐并使用了微孔管结构，从而达到增强导热性、使散热更集中、使蒸发器更薄的效果。为了最大限度地减少异味和细菌的滋生，蒸发器体涂抹了一层含有灭菌剂的树脂。这层树脂的下面是一层保护蒸发器的铬酸盐自由层。

2. 暖风机芯

第二代丰田普锐斯采用 SFA（直吹铝制）暖风机芯，与传统 SFA 暖风机芯是同样的直吹（全程吹风）型暖风机芯，但它采用了密集暖风机芯结构，从而达到紧凑、高效的性能。

3. PTC 暖风机和鼓风机脉冲控制器

图 9-8 为 PTC 加热器位置，2 个 PTC（正温度系数）暖风机安装在暖风机芯上，此暖风机芯在欧洲左侧驾驶型上为选装配置。PTC 暖风机包含在中间插有 PTC 元件的电极，电流通过 PTC 元件来加热流经散热片的空气。

在欧洲左侧驾驶型汽车上，PTC 暖风机作为选装配置，安装在空调装置前部的足部通风口内。PTC 暖风机是一个蜂窝型的热敏电阻，直接加热风道中的空气。

图 9-9 为暖风鼓风机的无级调速。鼓风机脉冲控制器根据空调 ECU 输入的占空循环信号控制输出到鼓风机电机的电压。第二代丰田普锐斯比旧车型使用的鼓风机控制器产生热量小。

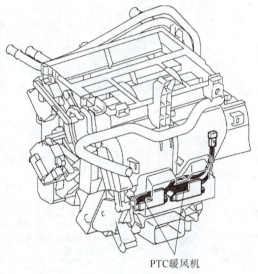

图 9-8 PTC 加热器位置

因此，与常规的鼓风机线性控制器相比，热量损耗得以减少，燃油消耗量得以降低。

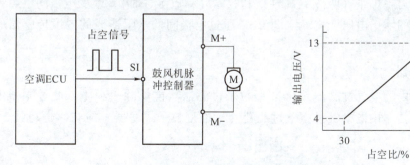

图 9-9 暖风鼓风机的无级调速

4. 冷凝器

第二代丰田普锐斯保留了旧款普锐斯的分级制冷冷凝器。但是，它的冷凝器芯更小，制冷剂量也更少。冷凝器的冷却循环系统采用了分级制冷循环，使得导热性增强。分级制冷循环分为冷凝和超冷两部分，并在两者之间有一个液气分离器（调节器）。经过调节器的液体制冷剂在超冷部分被再次冷却，增加了制冷剂自身的冷却容量，从而可以得到高效的制冷性能。

5. 水泵

第二代丰田普锐斯系统采用了电动水泵。即使发动机由于混合动力的功能需要停止工作，暖风机仍可正常工作。

6. 车内温度和湿度传感器

如图 9-10 所示，湿度传感器被加到车内温度传感器中，从而优化了空调系统操作期间的除湿效率。因此，压缩机的功耗得以减少，车内也达到了舒适的湿度。

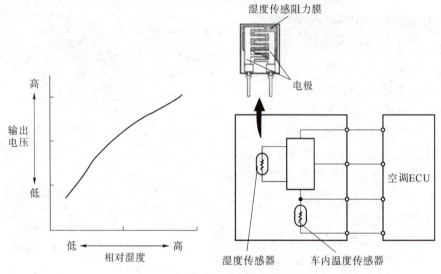

图 9-10 车内温度和湿度传感器

湿度传感器中内置的湿度传感阻力膜吸收并释放车内的湿气。在吸收和释放的过程中，湿度传感阻力膜扩张（吸收湿气时）和收缩（释放湿气时），改变电极间电阻，从而引起湿度传感器的输出电压变化。空调 ECU 通过电极间的电阻造成的湿度传感器的输出电压的变化检测车内湿度。

7. 空气过滤器

鼓风机装置内的空气过滤器（标准型粒子过滤器）能够除去粉尘。此过滤器由聚合物制成，用于清洁车内的空气。空气过滤器（标准型粒子过滤器）应在车辆行驶 3 万 km 后更换。

第三节 普锐斯空调变频器自诊断

电动汽车空调的故障现象和维护方法与传统燃油汽车相同。

一、自诊断

空调 ECU 具有自诊断功能。它以故障码的形式将所有操作故障存储在空调系统存储器中。通过操作空调控制开关，存储的故障码显示于复式显示器上。由于诊断结果的存储由蓄电池直接提供电能，所以在点火开关关闭后它们也不会消失。

修理中进行的工作：可利用指示灯检查模式和温度设定显示；可利用传感器检查过去的和现在的传感器空调变频器的故障，清除过去的故障数据。

可利用执行器检查：模式检查鼓风机电机、伺服电机和电磁式离合器是否按 ECU 信号正常工作。

二、故障实例

下面以空调系统故障码 B1423 为例，介绍 B1423 为压力传感器开路或制冷剂异常的故障解决方案。

1. 故障码

图 9-11 为故障码显示制冷剂数量异常。当有故障码时先通过故障码锁定故障，B1423 说明故障有两个可能原因：一是压力传感器开路；二是制冷剂异常，即过多或过少。在没新加或补加制冷剂的情况下，只能是制冷剂过少，下一步是读取制冷剂压力数值。

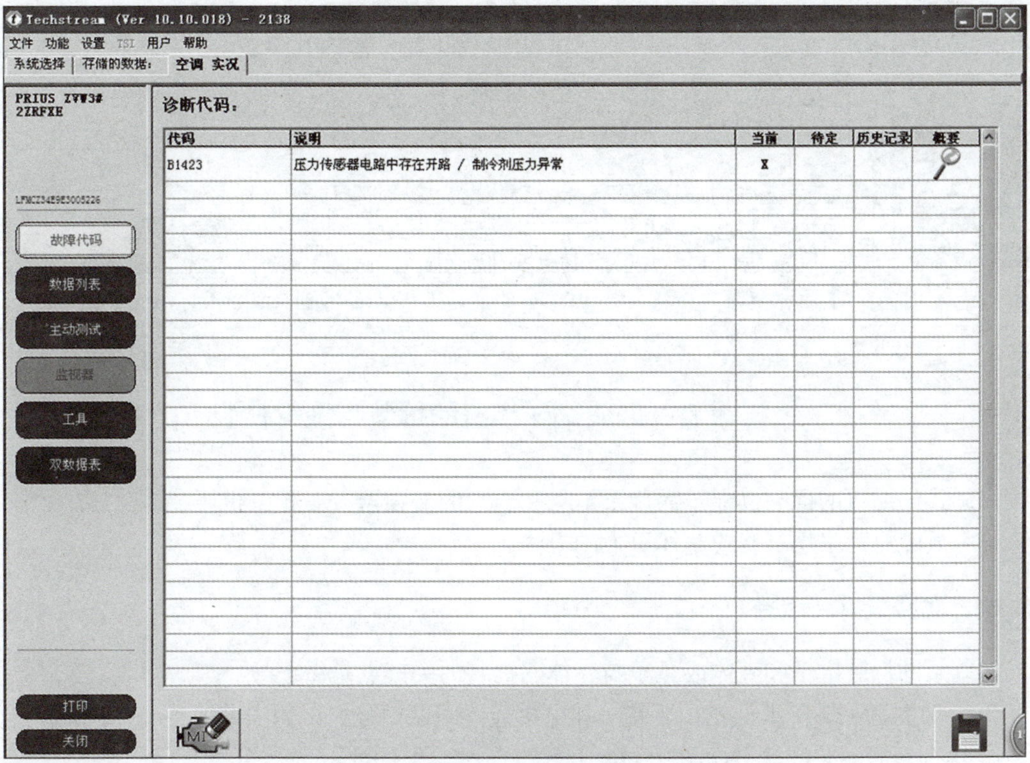

图 9-11 故障码显示制冷剂数量异常

2. 数据流

在数据流中找到空调管路中的压力传感器数据,数据流"Regulator Pressure Sensor"制冷剂为 3.294 4 MPa,如图 9 - 12 所示,但这个数据在操作控制面板后,仍一直不变,在正常情况下,压力数值应该发生变化,所以可推断故障为压力传感器开路,而不是制冷剂异常。

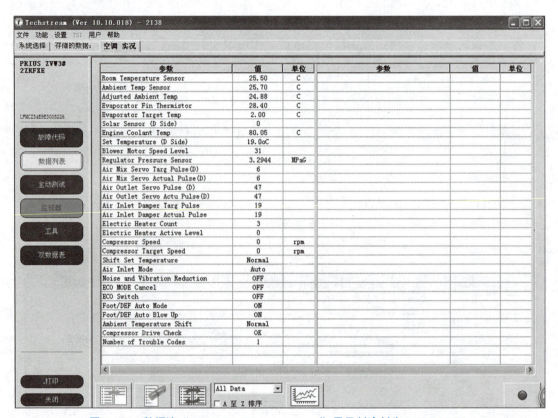

图 9 - 12 数据流"Regulator Pressure sensor"显示制冷剂为 3.294 4 MPa

第四节 涡旋式压缩机的拆装与绝缘检查

涡旋式压缩机的拆装仅限于涡旋泵本身和内置的变频器,三相电机压装在壳体中,不拆装,当有故障时可采用拼修或整体更换的方法。

一、涡旋泵拆装步骤

涡旋泵的拆装定子和壳体或晃子与壳体间拆装的关键点是做记号。

(1) 如图 9 - 13 所示,先在后端盖和电机壳体间做记号,以便安装。

(2) 打开后端盖螺栓,如图 9 - 14 所示。

(3) 拆开涡旋泵后端盖,如图 9 - 15 所示,给定子壳做记号,如图 9 - 16 所示。

图 9-13 对涡旋泵后盖做记号

图 9-14 拆开涡旋泵后盖螺栓

图 9-15 拆开涡旋泵后端盖

图 9-16 给定子壳做记号

（4）取出晃子，检查内部是否有异常磨损情况，如图 9-17 所示，对晃子叶片的位置做记号，如图 9-18 所示，再取出晃子，安装时根据记号按逆序安装。

图 9-17 拆出的定子和晃子检查磨损

图 9-18 对晃子叶片做记号

二、绝缘检查步骤

【专业指导】在更换制冷剂的过程中，若错加了非厂家要求的制冷油，在加制冷油后的一段时间后可能出现绝缘报警，在排查其他高压元件后，不要忘记排查电动压缩机的绝缘。

如果在售后服务中加错制冷油，出现绝缘的情况，则要采用绝缘表测量三相接线柱对壳体的绝缘电阻，可采用摇表测量电机定子线圈对壳体的绝缘电阻，如图 9-19 所示，或用绝缘表测量电机定子线圈的绝缘电阻，如图 9-20 所示，测量电机定子线圈对壳体的绝缘电阻，摇表要注意是 500 V 还是 1 000 V 级，另外要严格按转速操作，不要过快或过慢，在摇表的转速稳定后再读数。

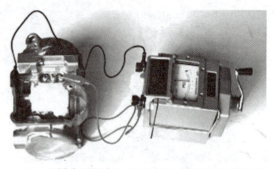
图 9-19　用摇表测量电机定子线圈对壳体的绝缘电阻

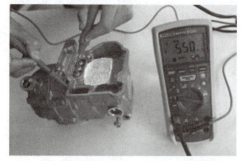
图 9-20　用绝缘表测量电机定子线圈的绝缘电阻

拆下空调变频器的涡旋式压缩机如图 9-21 所示，可能存在绝缘问题，但出现概率极低，且与更换制冷油没有关系。

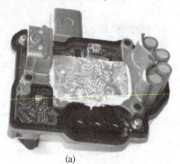
(a)

(b)

图 9-21　拆下空调变频器的涡旋式压缩机

用绝缘表测量变频器逆变桥交流侧绝缘电阻，如图 9-22 所示，用绝缘表测量变频器逆变桥直流侧绝缘电阻，如图 9-23 所示。

图 9-22　用绝缘表测量变频器逆变桥交流侧绝缘电阻

图 9-23　用绝缘表测量变频器逆变桥直流侧绝缘电阻

从读取的数值可知，涡旋式压缩机的各部绝缘在 550 MΩ 左右，可将其作为标准数据使用。

三、国产空调电路图

图 9-24 为比亚迪 E6 纯电动汽车空调系统电路图，图 9-25 所示比亚迪 E5 纯电动汽车空调系统电路图。

【专业指导】很多电动转向机的电机也采用无刷电机驱动，也需要变频器驱动机，只不过由于转向助力电机功率较小，故采用 12 V 供电即可。未来 36 V（也称 42 V）系统可能会代替 12 V 系统给电动转向机供电。

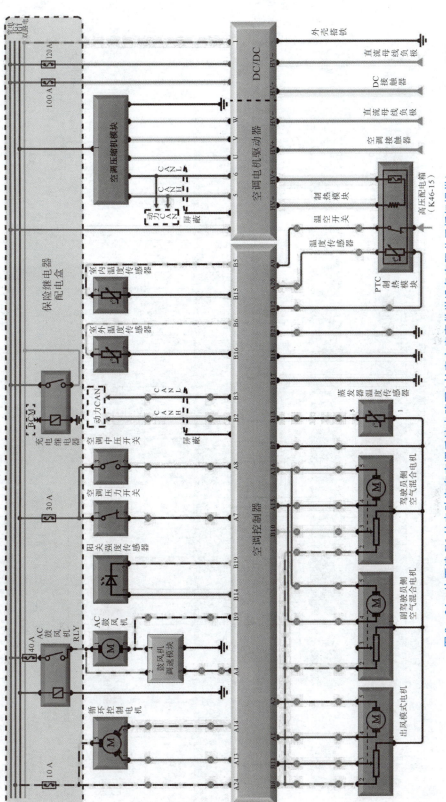

图 9-24 比亚迪 E6 纯电动汽车空调系统电路图（长春市康嘉教学设备有限公司授权提供）

第九章 典型电动汽车空调电机变频器

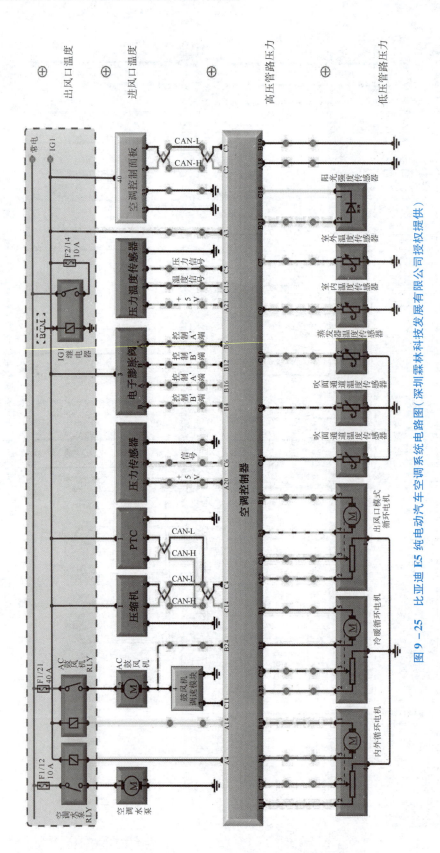

图9-25 比亚迪E5纯电动汽车空调系统电路图(深圳霖森科技发展有限公司授权提供)